JOCHEN PRAEFCKE

ICH STOTTERE

AUS DEM GEFÜHLSLEBEN
EINES STOTTERERS

Bibliografische Information der Deutschen Nationalbibliothek:
Die Deutsche Nationalbibliothek verzeichnet diese Publikation
in der Deutschen Nationalbibliografie; detaillierte bibliografische Daten sind im Internet über http://dnb.dnb.de abrufbar.

© 2016 Jochen Praefcke

Herstellung und Verlag: BoD – Books on Demand,
Norderstedt

ISBN: 978-3-7412-7475-6

KAPITEL 1
Ein Lebensgefühl   **1**

KAPITEL 2
Die lebensbegleitende Konstante   **7**

KAPITEL 3
Die Bewältigungsstrategie   **75**

KAPITEL 4
Vom Umgang mit Stotterern   **111**

KAPITEL 5
Ein neues Lebensgefühl   **141**

Detailliertes Inhaltsverzeichnis am Ende des Buches.

KAPITEL I

EIN LEBENSGEFÜHL

Ich stottere. Das ist der Gedanke, mit dem ich seit Jahrzehnten aufwache. Das erste was mir direkt nach dem Aufwachen morgens in den Kopf schießt. Als müsste ich tagtäglich dafür sorgen, dass ich diese Tatsache ja nicht vergesse - was natürlich blödsinnig ist, weil ich spätestens ein, zwei Stunden später garantiert sowieso das erste Mal stottern werde, also wie sollte ich es je vergessen? Mein Gehirn scheint nicht auf diese Bestätigung warten zu können, will sich nicht darauf verlassen, dass das Stottern tatsächlich auftritt, also erinnert es mich vorsorglich daran. Damit der Gedankengang auch garantiert und unmissverständlich ankommt wird das gleich am Morgen erledigt, als allererstes, mit höchster Priorität. Der Gedanke ist in der Tat sehr einfach formuliert. Es ist nicht die Frage nach dem Warum oder die Frage „Warum ich?", sondern einfach nur die tagtägliche Bestätigung „ich stottere" – ja, tatsächlich, immer noch, große Überraschung, es hat sich nicht über Nacht erledigt, es ist keine Spontanheilung eingetreten. Mein Körper und mein Geist scheinen sich irgendwie mit dem Stottern arrangiert zu haben, es ist offenbar zum unverzichtbaren Teil meiner Persönlichkeit geworden. Denn durch diese permanente Bestätigung des eigentlich hinreichend bekannten Umstandes sorgt mein Gehirn ja auch dafür, dass das Stottern überhaupt immer wieder auftritt. Meines Wissens liegt bei mir keine physische Anomalie vor, die das Stottern hervorrufen würde, also keine rettende Operation in Sicht. Im Umkehrschluss wäre es denkbar, dass ich nicht stottern würde, wenn ich schlicht vergessen würde, dass ich stotere. Ein klassischer Teufelskreis. „Denken Sie jetzt nicht an Ihr Stottern" – haha, selten so gelacht. Das Erste was in den Sinn kommt ist das Konzept der Ablenkung, und tatsächlich basieren viele der Bewältigungstechniken auf genau diesem Konzept – was allerdings nur bedingt hilfreich ist, insbesondere auf Dauer gesehen. Dazu aber später mehr.

Was heißt denn Stottern im Alltag nun genau? „Unflüssig" sprechen, beim Sprechen hängen bleiben und damit verbunden gewisse Ängste vor gewissen Sprechsituationen? Ja genau, grundsätzlich richtig, das ist das eigentliche Problem. Vorausgesetzt man will am öffentlichen Leben teilnehmen heißt Stottern im Alltag aber auch Dinge tun, die man nicht tun will und Dinge lassen, die man tun will. Sachen kaufen, die man nicht will in Mengen, die man nicht will – mal zu wenig, mal zu viel. Dinge essen, die einen eigentlich gar nicht so richtig anmachen, und dann mehr oder weniger Trinkgeld geben als beabsichtigt. Länger als nötig warten, anstehen, suchen. Sich mehr gefallen lassen als einem lieb ist. Im schlimmsten Fall einen Beruf ausüben, den man nicht will, hinter seinen Möglichkeiten zurückbleiben, Rückzug aus dem sozialen Leben – in anderen Worten: dem Stottern die totale Kontrolle über das eigene Leben überlassen. Unnötig zu erwähnen, dass es genau das unbedingt zu vermeiden gilt.

Ich will nicht den Eindruck erwecken, ich sei durch mein Stottern der ärmste Tropf auf Erden. Das bin ich mit absoluter Sicherheit nicht. Vielleicht werden Gehörlose mein Stottern als Luxusproblem auffassen. Ein Blinder oder ein Epileptiker könnte anführen, seine Teilnahme am sozialen Leben sei weit mehr eingeschränkt. Stottern endet nicht tödlich, ganz im Gegensatz zu vielen Krankheiten, die ich hier nicht aufzählen muss. Außerdem würde ich behaupten, dass ich – jedenfalls heutzutage – eher leicht stottere, also ein „Stottern von relativ sanfter Ausprägung" habe, wenn auch deutlich und von jedermann wahrnehmbar. Kurioserweise trägt aber eben diese sanfte Ausprägung nicht unerheblich zu meinem Problem bei, wie sich später noch zeigen wird. Jedenfalls gibt es ganz abgesehen von Krankheiten viele absolut nicht erstrebenswerte Lebensumstände in allen Teilen der Welt, und man kann diese relativierenden Gedankengänge unendlich weiterspinnen. Manchmal hilft dies dabei, die Dinge wieder in die richtige Perspektive zu rücken, was wichtig und richtig ist. Letztlich ist jeder aber ein Stück weit in seiner eigenen Realität gefangen und muss sich dem in dieser Realität vorherrschenden Problem stellen. In meinem Fall also dem Stottern. Würde ich es etwa bevorzugen, Einschränkung x oder Krankheit y anstatt des Stotterns zu haben? Vollkommen unerheblich, alle diese Gedankenspiele werden mir das Stottern nicht nehmen, also will ich mich damit eigentlich nicht belasten.

Zurück zur Wurzel meines Übels, dem Stottern, genauer gesagt meiner ganz persönlichen Art des Stotterns. Mein Redefluss bleibt vornehmlich bei Vokalen hängen. Klingt einfach, aber diese Einsicht war tatsächlich eines meiner größeren

Aha-Erlebnisse. Bis zum Alter von 28 Jahren war ich der festen Überzeugung, mein Redefluss wäre bei bestimmten Konsonanten gehemmt, z. B. beim J und beim R. Diese Überzeugung rührte unter anderem daher, weil ich zu diesem Zeitpunkt seit ca. 23 Jahren bei unzähligen Gelegenheiten daran gescheitert bin, meinen Namen flüssig mitzuteilen. Warum muss man eigentlich ausgerechnet *Jo*chen *Prae*fcke heißen, wenn man beim J und beim R hängen bleibt? Ach ja, diese Art von Gedanken wollte ich ja vermeiden. Jedenfalls hatte meine Frau mich damals überzeugt, einen Logopäden zu konsultieren, wofür ich ihr unendlich dankbar bin. Im Laufe der Behandlung erfuhr ich, dass ich überhaupt nicht beim J und R hänge, sondern vielmehr bei den Vokalen nach diesen (und anderen) Konsonanten. Ein guter Teil meines Weltbildes war auf den Kopf gestellt, ich hatte tatsächlich 23 Jahre lang Angst vor den falschen Buchstaben. Problem erkannt, Gefahr nicht gebannt, denn *Jo*chen *Prae*fcke bleibt als Namenswahl nach wie vor suboptimal. Und es stimmt, wenn ich Jochen sagen will, sage ich ja nicht nichts, bis endlich das Wort mit „J" anfängt, sondern sage „J…ochen" – hänge also beim O nach dem J, nicht beim J. Im Nachhinein betrachtet hätte ich im Laufe der 23 Jahre auch selbst mal darauf kommen können. Zu beachten ist noch, dass es gute und schlechte Konsonanten gibt. Nach eher harten, kurzen Konsonanten (so empfinde ich sie zumindest) wie z. B. dem T und dem P fließen die Vokale deutlich besser, wenn nicht sogar völlig frei. *To*chen *Pae*fcke will ich trotzdem nicht heißen, auch wenn ich es vollkommen flüssig sagen könnte. Ich hätte ja 2003 bei der Hochzeit den Geburtsnamen meiner Frau annehmen können, der wäre marginal besser aussprechbar gewesen, aber nicht perfekt. In Wahrheit habe ich das aber damals überhaupt nicht in Erwägung gezogen, da kam wohl der latente Macho durch. Vokale sind außerdem oft auch ganz ohne Konsonant davor ein Problem, also am Wortanfang. Aber warum ist es denn so wichtig, das eigene Stottern so genau zu analysieren, so genau zu wissen, wo man hängen bleibt? Weil gewisse Bewältigungstechniken eben erfordern, dass man das weiß – sonst läuft die Technik schlicht ins Leere. Wie gesagt stehe ich diesen Techniken, über die ich später noch ausführlicher berichten will, teils eher skeptisch gegenüber, auch wenn sie einzelne Problemsituationen entschärfen können und damit sicherlich kurzfristig hilfreich sein können und von mir auch gelegentlich noch angewendet werden.

Im Laufe meines Lebens habe ich eine Möglichkeit gefunden, mit dem Stottern umzugehen und es als Teil von mir zu akzeptieren, was mir deutlich nachhaltiger und tiefgehender als jede situationsorientierte Bewältigungstechnik hilft. Obwohl ich in keiner Weise spirituell bin, mir das esoterische eher fern liegt und ich ein althergebrachter Anhänger der Schulmedizin bin, glaube ich, dass diese Möglichkeit etwas „Ganzheitliches" hat. Sie hat viel mit Selbstverständnis, Selbstvertrauen und Selbstsicherheit zu tun. Solche Eigenschaften entstehen nicht spontan von einer Sekunde auf die andere, sondern sind das Ergebnis vieler Einflüsse, die einen über Jahre hinweg formen und prägen.

KAPITEL 2

DIE LEBENSBEGLEITENDE KONSTANTE

Kindergarten- und Grundschulzeit

Ich kann mich nicht daran erinnern, jemals nicht gestottert zu haben. Meinem Empfinden nach habe ich vom ersten Wort an gestottert. Meine Eltern wissen bzw. wussten nicht mehr so genau, wie und wann das Stottern angefangen hat. Ich habe wohl erst sehr spät, mit 3 Jahren, überhaupt mit dem Reden angefangen, aber inwiefern das mit dem Stottern zusammenhängt oder gar dafür ursächlich ist, ist nicht bekannt oder wurde zumindest nie geklärt. Meine Mutter ist sich keines bestimmen Ereignisses bewusst, welches das Stottern sozusagen traumatisch hätte auslösen können. Meine ältesten eigenen Erinnerungen sind aus dem Grundschulalter. Die Kindergartenzeit ist mir nur durch Fotos präsent, aber da kann man halt nicht unbedingt sehen, ob ich schon stotterte oder nicht – vermutlich ja. Während ich mich an allgemeine Dinge wie Namen und Aussehen der Lehrer und Schulkameraden, das Schulgebäude und den Pausenhof erinnere (und leider auch an verhasste Dinge wie Boden- und Geräteturnen), sind

Erinnerungen an spezifische Episoden relativ häufig mit dem Stottern verbunden. Die spezifischen Erinnerungen aus diesem Lebensabschnitt, überhaupt bis zum Alter von ca. 30 Jahren, sind ganz überwiegend negativer Art. Hänseleien durch Mitschüler gehörten mehr oder weniger zur Tagesordnung, und vermutlich ist das auch heute bei Kindern in dem Alter noch immer so, dass Kinder, die in gewissem Ausmaß anders sind – Stottern, Lispeln, Pickel, Akne, rote Haare, No-Name-Jeans, die falschen Turnschuhe – ausgegrenzt und gehänselt werden. Es ist wohl kaum auszuschließen, dass ich selbst nicht auch andere Kinder wegen was auch immer gehänselt habe, wenn auch vermutlich nicht wegen irgendwelcher Sprachfehler. Man will ja auch dazugehören. Nicht schön, aber in gewissem Ausmaß auch leider üblich, und größtenteils auch schlicht alterstypisch und der naturgemäß mangelnden persönlichen Reife eines 6 bis 12-jährigen Kindes geschuldet. Ich kenne jedenfalls Erwachsene, denen es heute sehr unangenehm ist, damals auf dem Schulhof andere Kinder so behandelt zu haben. Bei manchen trägt der Reifungsprozess nämlich Früchte, bei anderen nicht. Letztere werden manchmal auch Lehrer, zum Beispiel an meiner Grundschule. An Frau W., meiner Deutschlehrerin (in der 3. Klasse, wenn ich nicht irre), ist besagter Reifungsprozess jedenfalls recht spurlos vorübergegangen. Man erkennt so etwas zuverlässig an Sätzen wie „Jochen, kannst Du eigentlich nicht normal reden?" oder „Jochen, jetzt tu doch mal normal …" – natürlich vor der ganzen Klasse, nachdem mir beim Vorlesen aus dem Deutschbuch kein einzig flüssiger Satz gelang. Die Mehrheit der Kinder fand das natürlich unterhaltsam, fühlten sie sich in Ihrem Schulhofverhalten doch gestärkt und bestätigt. Es geht übrigens auch anders: eine Religionslehrerin, deren

Name mir entfallen ist, sagte im Unterricht nach einem blöden Kommentar eines Mitschülers zu mir, ich dürfe ihm nun mit Ihrer Erlaubnis eine reinhauen – fand ich besser und habe ich dann auch gemacht. Beide Beispiele zeigen, am jeweils entgegengesetzten Extrem der Skala, dass ein normaler Umgang mit dem Stotterer in der Klasse wohl schwierig war.

Um dies besser einordnen zu können muss man sich vor Augen führen, dass sich all das Mitte der 1980er-Jahre abgespielt hat. Keine Spur der heutigen Achtsamkeitshysterie, Durchtherapiertheit, übertriebenen politischen Korrektheit. Oder es gab das alles auch schon, bloß wurde es mangels Verbreitungsmedium nicht so aufgebauscht. Das wird auch an der Art und Weise, wie meine eigenen Eltern damit umgingen, deutlich. Es wurden zwei oder drei Versuche unternommen, sich dem Stottern in therapeutischer Weise anzunehmen, jedoch nicht mit der notwendigen Vehemenz. Alle logopädischen Behandlungen wurden letztlich sehr frühzeitig abgebrochen – meine Mutter sagt, ich hätte beim Logopäden schlicht nicht gestottert, also quasi wie verzaubert. Das kann ich mir nun beim besten Willen nicht vorstellen, so dass hier vermutlich eine gewisse Verklärung der Tatsachen stattfindet. Außerdem hätte mich eine der damals konsultierten Therapieeinrichtungen wegen allerhand anderer logopädischer Probleme behandeln wollen und hätte ausgerechnet das Stottern als unproblematisch abgetan.

Man hört ja immer wieder, dass man Stottern erfolgreich und dauerhaft therapieren kann, wenn man es bis zu einem bestimmten Alter angeht, also in der Kindheit oder Jugend. Mache ich meinen Eltern Vorwürfe, es damals nicht ernst genug genommen zu haben? Nein, das kann man pauschal so nicht sagen. Man ist mit seinen Kindern damals nicht wegen wirklich allem zum Arzt oder Therapeuten gerannt. Das ist heute grundlegend anders, wie ich aus eigener Erfahrung sagen kann – ich will gar nicht daran denken, wie viele Stunden ich die vergangenen 13 Jahre bei diversen Kinderärzten/-therapeuten bzw. in deren Wartezimmer verbracht habe. Meine Kinder stottern übrigens nicht, worüber ich sehr erleichtert bin, weil die Angst davor jedes Mal unmittelbar der ersten Freude folgte, nachdem meine Frau mir die frohe Kunde der Schwangerschaft überbrachte. Zum Logopäden mussten trotzdem alle schon – wegen Lispeln, T- und K-Lauten und Schwächen in der Kaumuskulatur oder so ähnlich (gab es diesen Befund im Kindesalter eigentlich 1985 auch schon?). Habe ich eine Garantie, dass die logopädische Behandlung damals erfolgreich gewesen wäre? Ich denke nein. Keine Ahnung, ob sich in der Logopädie in den letzten Jahrzehnten Bahnbrechendes geändert hat, sprich ob man mir damals schon hätte so helfen können, wie man das Kindern heutzutage vielleicht kann. Was bleibt ist halt eine gewisse Unsicherheit, was wäre wenn, hätte man es bloß versucht. Denn: Wäre ich froh, wenn man mein Stottern damals erfolgreich therapiert hätte? Ein deutliches Ja! Aber helfen mir solche Gedankenspiele oder Vorwürfe heutzutage in irgendeiner Art weiter? Nein, ganz im Gegenteil.

Dass meine Eltern das Stottern nicht ernst genug genommen haben, trifft vor allem auf den therapeutischen Aspekt zu. Mein Vater hatte sehr wohl Frau W., besagte Deutschlehrerin, zur Rede gestellt, ohne nennenswerte Konsequenzen im Schulalltag allerdings. Ihre Reaktion war … tja, nennen wir es mal verblüffend: „Sagen Sie mal, sind Ihre Kinder eigentlich das Wichtigste für Sie?" und „Ich bin ja die Güte in Person". Auch Herr V., seines Zeichens Klarinettenlehrer an der Musikschule, wurde von meinen Eltern darauf hingewiesen, dass ich für mein Stottern nichts kann. Er hatte mich wiederholt angeherrscht, ob ich denn blöd wäre und warum ich nicht vernünftig reden könne. Ich muss damals ca. 12 Jahre alt gewesen sein. Nachdem ich zu Hause gesagt hatte, dass ich deshalb nicht mehr in den Klarinettenunterricht will, ging meine Mutter ein paar Mal mit zum Unterricht. Überraschenderweise war in diesen Unterrichtsstunden keine Rede von meiner Blödheit, sondern vielmehr von meinem beachtenswerten Talent für das Klarinettenspiel – was übrigens eine dreiste Lüge war (die Idee, ausgerechnet Klarinette spielen zu wollen, stellte sich als einer der größeren Irrtümer meines Lebens heraus). Meine Eltern sind aus heutiger Sicht wohl deutlich zu freundlich mit Frau W. und Herrn V. umgegangen damals. Kaum auszumalen, was heute los wäre in so einem Fall. Skandal, Suspendierung, Berufsverbot, Einsperren und Schlüssel wegwerfen, Shitstorm im Internet! Das will und braucht natürlich keiner. Ich bilde mir aber ein, dass viele Eltern heute wesentlich deutlichere Worte finden würden, und wenn man das in normalem Ausmaß und Tonfall geschieht, ist das auch gut so. Jedenfalls kann ich heute keinen Ton mehr auf der Klarinette spielen (nicht schlimm), flüssig reden kann ich aber auch immer noch nicht (schlimmer).

Unter- und Mittelstufe

Auf dem Gymnasium änderte sich die Situation insofern, als dass mich nie auch nur irgendein Lehrer nachteilig oder blöd wegen meines Stotterns behandelt hätte. Das ist insofern erstaunlich, als dass der Zeitraum ganze 9 Jahre umfasste und dass Gymnasiallehrer meines Wissens in aller Regel keine pädagogische Ausbildung genießen. Die eine oder andere Hänselei durch Mitschüler blieb sicher nicht aus, aber es war nichts hinreichend schlimmes dabei, als dass ich mich jetzt konkret an einen Vorfall erinnern kann. Unverändert schlimm und angstbehaftet waren die typischen Problemsituationen wie das Vorlesen in der Klasse, vom Lehrer aufgerufen werden, und wo weiter. Überhaupt alle Situationen, in denen das Gegenüber genau in diesem Moment erwartet, dass man etwas sagt. Mit dem Vorlesen anfangen, die Antwort auf die Frage geben. Eine ganz neue Herausforderung wartete ab den höheren Klassenstufen auf mich: Referate halten. Alle hören zu, und zusätzlich schauen auch noch alle zu. Stottern ist kein rein akustisches Phänomen, man würde einen Stotterer wohl auch im Stummfilm erkennen, an der angespannten Mimik und den entgleisten Gesichtszügen. Alle starrten und litten, so kommt es mir jedenfalls vor. Im besten Fall litten enge Freunde mit mir. Andere litten vielleicht auch durch meinen Vortrag. Ich selbst dachte auch, was für eine Zumutung, einem wie mir zuhören zu müssen, wie er sich abquält. Wenn einer nicht singen kann, soll er halt nicht öffentlich singen. Kann einer nicht Klavier spielen, soll er halt nicht spielen. Wenn er nicht reden kann, warum um alles in der Welt einen Vortrag halten? Was für ein Schwachsinn, ausgerechnet mich zu bitten, vorne hinzustehen und genau das zu tun, was ich gerade nicht kann. Die anderen Schüler wollen meist übrigens auch kein Referat halten, sind auch aufgeregt, vor anderen Leuten zu reden. Aber sie konnten es, rein handwerklich. Mir hingegen fehlte schlicht das passende Werkzeug.

Vermeidungstaktiken und ihre Grenzen

Um diese Zeit hat die bewusste und unterbewusste Entwicklung von Bewältigungstechniken begonnen – allesamt im Nachhinein und mit heutigem Weitblick als schlecht zu beurteilen, aber halt aus der schieren Not heraus geboren. Zuallererst kommt Vermeidung in den Sinn, also die Problemsituation – den Moment, in dem das Stottern auftritt – von vornherein zu vermeiden. Das ist nicht nur schwierig, sondern auch blödsinnig und teils recht arbeitsintensiv. Spätestens am Tag vor dem anstehenden Referat musste ich bereits anfangen, Bauchschmerzen, Kopfweh oder Grippe vorzutäuschen, zur Steigerung der Glaubwürdigkeit des Schmierentheaters – sowohl zu Hause als auch in der Schule – empfahl es sich, bereits zwei Tage vorher anzufangen, sprich auch den Tag vor dem Referat krankheitsbedingt dem Unterricht fernzubleiben. Außer zwei gemütlichen Tagen im Bett hatte ich natürlich rein gar nichts davon, denn das Referat löste sich wenig überraschend nicht in Luft auf sondern wurde halt ein paar Tage später fällig.

Vermeidungstaktiken existierten in unterschiedlichster Form in allen Lebensbereichen, vollkommen unabhängig von Referaten oder anderen Unterrichtssituationen. Das Sprechen per se zu vermeiden bzw. auf ein Minimum zu reduzieren funktioniert schon in gewissem Ausmaß, aber man vereinsamt halt schnell. Bei Unterhaltungen immer nur zuhören, nie eine eigene Meinung kundtun, nicht widersprechen, egal wie abstrus die Behauptung ist. Will man lieber der Stotterer sein, oder der Sonderling, der nie was sagt? Über Jahre hinweg kristallisierte sich ein vernünftiger Mittelweg heraus: nicht gleich losproleten, erst dann was sagen, wenn es sich lohnt und wenn man auch was zu sagen hat. Wenn sich auch die nicht stotternden Menschen so verhalten würden, das halbe Internet wäre leer und die Polit-Talkshow wäre tot. Spaß beiseite, dieser Mittelweg sieht nur auf dem Papier so unglaublich weise und lebensklug aus. In der Praxis sah das natürlich so aus, dass ich sehr oft still war, wenn ich eigentlich was sagen wollte. Hinterher log ich mir dann zurecht, ich hätte reflektiert und dann entschieden, nichts zu sagen, weil es sich nicht gelohnt hat.

Eine weitere Vermeidungsstrategie bezieht sich auf die genaue Wortwahl. Man kann ja ein und denselben Sachverhalt auf unglaublich viele unterschiedliche Arten umschreiben. Die vermeintliche Kunst besteht hier darin, schneller zu denken als man spricht und in der Planung des Satzes die typischen Stolpersteine bereits zu erkennen und blitzschnell durch andere Wörter zu ersetzen.

Das kann satzbaumäßig gehörig daneben gehen, weil halt manche Wörter nur in bestimmten Satzkonstruktionen funktionieren. Blöd, dass man den Satz vor 3 Sekunden schon anders angefangen hat, jetzt passt das Ersatzwort nicht, also muss schnell ein anderes Ersatzwort her. Solche Fehler vermeidet man, indem man sich vor dem Satz schon einen Gesamtüberblick über den ganzen Satz verschafft. Klingt kompliziert und nicht zu schaffen? Für mich ist das in Fleisch und Blut übergegangen, ich konnte das gar nicht mehr abstellen – selbst heute, wo ich die Vermeidungstaktik meistens gar nicht mehr anwenden will, läuft der Automatismus teils noch mit. Selbst beim Denken und Träumen kommt teilweise der Automatismus durch: sind da Stolpersteine, könnte ich diesen Gedanken auch genau so formulieren? Ich kann also in Sekundenschnelle drei Satzalternativen durchspielen und mich während ich rede noch darauf konzentrieren, welches Wort nach dem über-übernächsten kommt, ob es gefährlich ist und es ggf. durch ein anderes ersetzen – und das in Deutsch und Englisch. Aber zwei Brezeln in der Bäckerei bestellen, das kann ich nicht. Ehrlich, es ist zum wahnsinnig werden.

Wenn das so gut und automatisch funktioniert, warum will ich das nicht mehr? Wenn ich jeden Satz, bevor ich ihn sage, auf Stolpersteine analysiere, brauche ich Zeit hierfür. Man kann schon vor jedem Satz eine kurze Pause machen, vielleicht wirkt das auf das Gegenüber ja sogar wirklich besonders bedächtig und reflektiert (oder natürlich einfach nur komisch).

Im Endeffekt führt das aber oft dazu, dass man, während der andere noch redet, bereits durchanalysiert, was man wie genau antworten könnte. Das führt – bei aller Übung und Perfektion der Technik – zwangsläufig dazu, dass man nicht mit voller Aufmerksamkeit zuhören kann. Was bringt eine perfekt flüssig vorgetragene Antwort, in voller Schönheit und ohne jeden Stolperstein, wenn sie inhaltlich nicht wirklich zum eben Gesagten passt, weil der springende Punkt eben ganz am Ende erwähnt wurde? Das kann auf Dauer deutlich sonderbarer wirken, als ein inhaltlich fundierter Kommentar mit Stottern. Ansonsten ist schneller denken als reden natürlich grundsätzlich besser als andersherum.

Die Technik hat natürlich auch anderweitig ihre Grenzen. Ja, vieles kann man tatsächlich auf viele unterschiedliche Arten sagen, aber eben nicht alles. Wenn ich in der Bäckerei halt zwei Brezeln haben will, dann will ich zwei Brezeln haben. Ich will dann nicht eine Seele, was unglaublich viel einfacher zu sagen ist. Sogar acht Seelen wäre einfacher zu sagen als zwei Brezeln, aber wer soll denn die alle essen? Gemeinerweise sind eigentlich alle Zahlen stottertechnisch problematisch für mich, manche mehr, manche weniger. Am härtesten sind aber zwei und drei – denn diese sind die einzigen beiden, die phonetisch dermaßen ähnlich sind, dass garantiert vom Bedienthekenpersonal nochmals nachgefragt wird, wenn ich gerade mit Mühe und Not „zwei" oder „drei" gesagt habe. Wenn ich Pech habe wird offen nachgefragt: „Wie viele, bitte"? oder auch

„Häh?", ab und an kombiniert mit einem verständnislosen Gesichtsausdruck. Mit Glück wird gefragt: „Zwei?". Denn „Ja" und „Nein" kommt meist flüssig rüber und ist phonetisch nicht zu verwechseln. „Drei" geht übrigens besser als „zwei". Man könnte natürlich auch „zwo" anstatt „zwei" sagen, das ist zwar genauso schwierig zu sagen, aber phonetisch eindeutig von der „drei" zu unterscheiden, und genau deshalb wird dieser veraltete Ausdruck vermutlich auch heute noch verwendet. Aber ernsthaft, wer redet denn so, „zwo Seelen bitte"? Jedenfalls kann ich gar nicht mehr zählen, wie oft ich zu viel von was weiß ich allem gekauft habe oder was anderes, als ich eigentlich wollte – Cappuccino anstatt Milchkaffee zum Beispiel. Schmeckt zwar ähnlich, ist von der Schwierigkeit der Bestellung her aber ein himmelweiter Unterschied. Kürzlich habe ich alles gewagt und tatsächlich einen Milchkaffee bestellt! Antwort: „Die Maschine ist leider kaputt". Ohne Worte.

Wegen der verdammten Zahlen habe ich auch schon länger gewartet als ich hätte müssen. Wenn man sich beim Tanken lieber die besetzte Zapfsäule 4 aussucht anstatt der freien Zapfsäule 3, nur weil man dann beim Zahlen später nicht ganz so in Verlegenheit gerät, dann dauert das halt länger.

In der Zeit am Gymnasium kam also die Vermeidungstaktik auf, wobei insbesondere die Vermeidung einzelner Worte über die Jahre konsequent angewendet und perfektioniert wurde und somit heute noch, gewollt und ungewollt, im Hintergrund aktiv ist. In der 10. Klasse mussten wir mal im Team von zwei Schülern gemeinsam ein Referat im Fach Musik halten – wir sollten unseren Lieblingskünstler vorstellen. Für meinen Freund und mich fiel die Wahl auf Jimi Hendrix, schon allein um den Lehrer mit dem *Star Spangled Banner* in der Woodstock-Aufnahme zu ärgern. Hier tat sich eine neue Taktik auf: die Arbeitsteilung. Während ich vornehmlich für die Auswahl der Beispielstücke verantwortlich war und zusammen mit meinem Freund die vorzutragenden Inhalte erarbeitete, wurde der Vortrag selbst hauptsächlich von meinem Freund gehalten, während ich im Hintergrund für die Technik, sprich das Abspielen der Musikbeispiele zuständig war. Im Studium habe ich später gelernt, dass man sowas als „Konzentration auf Kernkompetenzen" bezeichnet. Das ist konzeptionell sicherlich nichts Schlechtes, doch auf Dauer blieb damals zunehmend ein fahler Beigeschmack, denn ich hatte mich mal wieder – wenn auch recht clever – gedrückt. So langsam bildete sich unterbewusst der Gedanke heraus, wo das alles hinführen soll, wie sich so ein Verhalten auf die längerfristige Zukunft auswirken könnte. In Geschichte musste ich mal ein Referat zum Thema „Wiener Kongress" halten. Ich weiß gar nicht mehr, wie gut oder schlecht das Referat lief, aber ich weiß noch, dass ich mit eher humorvollem Inhalt versucht habe, Lockerheit zu generieren. Diese Taktik geht auch heute bei Vorträgen noch ganz gut auf.

Meine Konfirmation ist insofern seltsam verlaufen, als dass ich vor der voll besetzten Stadtkirche mein auswendig gelerntes Sprüchlein aufsagen musste und absolut nicht gestottert habe. Das kam vor allem daher, dass ich erst in genau der Sekunde, in der ich dann dran war, überhaupt realisiert habe, dass das jetzt ja eigentlich eine Scheißsituation ist. Im Moment des Vortrags habe ich dann über die Menge hinweggeschaut und locker mein Sätzchen vorgetragen. Wir haben ja monatelang im Konfirmationsunterricht auf diesen Tag hingeübt, aber mir kam tatsächlich nie in den Sinn, dass dies in einem Solovortrag vor vollem Hause kulminieren wird. So etwas ist mir vorher noch nie und hinterher nie mehr passiert. Vielleicht lag es daran, dass ich zum ersten Mal verknallt war, und zwar in ein Mädchen aus der Konfirmationsgruppe. Die Glückliche weiß bis heute nichts davon, denn ansprechen konnte ich sie natürlich nicht, da hätte sie ja gemerkt, dass ich stottere. Als hätte sie es nach monatelangem Konfirmationsunterricht nicht schon sicher gewusst.

Ungefähr zu dieser Zeit begann ich Gitarre zu spielen. Nachdem ich nach musikalischer Früherziehung und dem Verschleiß zweier Klavierlehrerinnen und zweier Klarinettenlehrer weder eines dieser Instrumente spielen konnte noch Noten lesen konnte, konnte ich es meinen Eltern nicht verübeln, dass ich auf mich alleine gestellt war und mir das irgendwie selbst beibringen und finanzieren musste. Mehr als 20 Jahre später stellte sich heraus, dass das Gitarrenspiel – und meine allgemeine Musikleidenschaft – ein wichtiger Faktor für den erfolgreichen Umgang mit dem Stottern wurde.

Oberstufe und Landsknechte

In der elften Klasse stand die Wahl der Landsknechte an, einer Trommlergruppe des Ravensburger Heimatfestes, dem Rutenfest. Der Trupp der Landsknechte teilt sich in Trommler, Pfeifer und Landsknechte vom Tross, auch „Latscher" genannt, ein. Dieser Wahl konnte ich mich rein aus Stotterersicht problemlos stellen, denn weder mit trommeln noch pfeifen (also: auf einer Holzpfeife flöten) noch latschen sah ich Probleme. Ein anderes Problem ergab sich aber aus der Tatsache, dass sich die Landsknechte aus der jeweils 11. Klassenstufe der drei städtischen Gymnasien zusammensetzen – und zumindest mit der 11. Klassenstufe von einem der beiden anderen Gymnasien hatten meine Klassenkameraden und ich bisher keinen Kontakt. Die Schüler der anderen Gymnasien kannten mich also nicht, kannten mein Problem nicht, waren nicht daran gewöhnt. Die daraus potentiell resultierenden Problemsituationen waren vielfältig – ich musste vielleicht wieder unzählige Male sagen, wie ich heiße, und ich wusste nicht, wie auf mein Stottern reagiert werden würde. Im Allgemeinen fühlte ich mich in einer eingeschworenen Gemeinschaft, wo alle mich und mein Problem kannten, deutlich wohler als mit „Außenseitern".

Der fatale Druck, das Stottern zu verbergen

Neue Menschen kennenlernen war also eindeutig negativ besetzt. Wenn man mal bewusst darauf achtet, trifft man erstaunlich oft auf Leute, die man noch nicht kennt bzw. die einen selbst noch nicht kennen. Vielleicht fällt einem das nur auf, wenn man ständig Angst davor hat, dass all diese Leute wissen wollen, wie man heißt und man schon weiß, dass man seinen Namen nicht flüssig sagen kann. Das Hauptproblem war, dass ich den Druck verspürte, ich müsse möglichst dafür sorgen, dass niemand mein Stottern bemerkt. In dieser Hinsicht war ich sehr lange lernresistent – denn natürlich merkte es absolut jeder innerhalb der ersten paar Sätze, die mit mir gewechselt wurden, allerspätestens eben bei meiner Antwort auf die Frage nach meinem Namen oder bei meinem Versuch mich selbst aktiv mit Namen vorzustellen. Dennoch ließ ich mir die Utopie nicht nehmen, dass ich es verbergen könne, wenn ich mich nur genügend anstrengte. Also wieder der Teufelskreis „denk jetzt ja nicht daran, dass Du stotterst". Der Druck, das Stottern zu verbergen, war immens und allgegenwärtig. Im Nachhinein betrachtet war dieser Druck über Jahrzehnte hinweg hauptausschlaggebend für mein Stimmungsbild und Lebensgefühl. Tatsächlich wurde der gekonnte Umgang mit dieser Problematik später mein Schlüssel zum Erfolg bei der Bewältigung meiner Lebenssituation.

Hätte ich von Anfang an viel stärker gestottert, wäre ich wohl nie auf die Idee gekommen, dass es überhaupt jemand nicht merken könnte. Insofern ist mir also die relativ sanfte Ausprägung meines Leidens in gewisser Weise zum Verhängnis geworden.

Jedenfalls war die Angst speziell auf die Landsknechte bezogen im Endeffekt unbegründet, denn mein Stottern war nie ein großes Thema, wenn überhaupt mal gab es nur wenig Spott und Häme, vielleicht sehr vereinzelt mal einen blöden Kommentar – das war's. Diesen Umstand, also den unkomplizierten Umgang in Form eines weitgehenden Ignorierens meines Stotterns, kann ich meinen Landsknechtskameraden gar nicht hoch genug anrechnen. Das Gleiche gilt übrigens auch für alle Klassenkameraden aus der Gymnasialzeit. Zum einen war diese Art der Behandlung und des Umgangs damals einfach das angenehmste Umfeld für mich, zum Anderen zeigte es mir aber auch deutlich, dass viele meiner typischen Ängste unbegründet sind – reines Kopfkino also. Ich fühlte mich grundsätzlich akzeptiert, mit und trotz Stotterns. Dies war mir im Vorhinein, vor so weitreichenden Entscheidungen wie z. B. der Aufstellung zur Wahl zum Landsknecht, nicht vorstellbar. Die Angst, es könnte gegenteilig enden, überwog deutlich.

Die „Landsknechtszeit" ist sehr prägend für das spätere Leben, jedenfalls war das in meinem Fall so. Mein heutiger Freundeskreis setzt sich größtenteils aus ehemaligen Landsknechten zusammen, sowohl aus dem eigenen Jahrgang als auch aus früheren und späteren Jahrgängen. Kaum vorstellbar, wie mein Leben heute aussehen würde, wenn ich mich damals – aus letztendlich unbegründeten Ängsten heraus – gegen die Landsknechte entschieden hätte. Ich will gar nicht erörtern, ob es nun besser oder schlechter aussähe, aber es würde definitiv total anders aussehen. Erstens wegen des Freundeskreises, zweitens wegen des dann potentiell fehlenden Selbstvertrauens, welches ich aus meiner Zeit als aktiver Landsknecht gezogen habe.

Im Jahr nach dem ersten aktiven Jahr als Landsknecht kann man sich nochmals zur Wahl stellen, denn aus den Ehemaligen des Vorjahres werden für das folgende Jahr drei Leute gewählt, die den Trupp sozusagen anführen: ein Fahnenschwinger und zwei Begleiter. Der Fahnenschwinger ist der Chef, die Begleiter sind grob gesagt die Organisatoren, zusammen mit dem Fahnenschwinger. Deren Aufgaben sind die Ausbildung der neuen aktiven Landsknechte (also trommeln, pfeifen, latschen; mit Unterstützung von vielen anderen Ehemaligen, die eben schon trommeln und pfeifen können), Marschplan aufstellen, den Trupp repräsentieren, die Finanzen verwalten und ähnliches. Jetzt sah die Entscheidungslage aus Stotterersicht etwas komplizierter aus. Während ich die Aufgabengebiete des ersten Aktivenjahrs für gut machbar hielt, sah ich beim Repräsentieren und Ausbilden schon andere Probleme auf mich zukommen (wenn ich denn gewählt werden würde). Vor 25 Elftklässler, die einen anfänglich übrigens nicht so richtig kennen, hinstehen und Anweisungen geben ist was ganz anderes als gut versteckt im Trupp unter insgesamt sechs Pfeifern eine Melodie zu pfeifen. Überhaupt war abzusehen, dass man als einer der drei „Chefs" ganz anders exponiert sein wird als im Vorjahr als einer von 25 Truppmitgliedern. Wie ich diese Ängste damals überwunden habe und mich dennoch zur Wahl habe aufstellen lassen, weiß ich nicht mehr genau. Ein großer Teil war sicher der fairen und freundschaftlichen Behandlung durch die Kameraden und dem daraus erstarkten Selbstvertrauen geschuldet. Letztlich hatte ich 1994 das Amt des Begleiters inne, und außer dem Erfahrungsgewinn, den die Ausführung des Amtes sowieso für jeden Amtsinhaber mit sich bringt, hatte ich die wichtige Erkenntnis gewonnen, dass man sich dem Risiko

– also den potentiellen Stottersituationen – immer wieder aktiv aussetzen muss, wenn man weiterkommen und was erleben will.

Abiturprüfungen

Das Abitur nahte, und meine Hauptsorge galt wenig überraschend den mündlichen Prüfungen. Ich weiß nicht, wie das heute geregelt ist, aber damals war das vierte Prüfungsfach – in meinem Fall Religion – mündlich zu absolvieren. Bei den ersten drei Fächern musste man nur in die mündliche Prüfung, wenn die schriftliche Note in der Abiturprüfung markant von der Anmeldenote (die sich aus dem Durchschnitt der vergangenen drei Halbjahre ergab) abwich. Leider geschah genau dies im Prüfungsfach Deutsch, so dass ich sowohl in Religion als auch in Deutsch in die mündliche Prüfung musste. Da half keine vorgetäuschte Krankheit, kein Attest – wenn ich das Abitur wollte, musste ich da durch. Ich lernte relativ viel und ausführlich auf diese Prüfungen, was gut möglich war, weil die Lehrer netterweise recht gut die relevanten Themengebiete abgesteckt hatten. Ich dachte mir, ich muss inhaltlich umso mehr punkten, je schlechter und weniger souverän die Art des Vortrages sein wird. Ein willkommener Nebeneffekt war, dass ich mich in der Prüfung selber weniger sorgen musste, ich könnte den Inhalt nicht kennen, so dass ich mich mehr auf die Wortvermeidungs- und Satzbauanalyse konzentrieren konnte. Ich habe mir beim Lernen bereits fertige Antworten auf erwartete Fragestellungen voll ausformuliert und wirklich Wort für Wort auswendig gelernt, immer darauf bedacht, dass die Formulierungen möglichst wenig Stolpersteine enthalten. Die Fragen in den Prüfungen gingen in der Tat in die erwartete Richtung, so dass ich große Teile meiner Textbausteine quasi auswendig aufsagen konnte. Und das war gut, denn ich musste mich recht stark darauf konzentrieren, die Texte auswendig wiederzugeben – ich war in gewissem Umfang abgelenkt vom Stottern.

> **Ablenkungstechniken**
>
> Es gibt ein Bündel an gängigen Techniken, die meines Erachtens letztlich nur auf die Ablenkung vom Stottern abzielen. Wahrscheinlich stehen jetzt einigen Logopäden die Haare zu Berge, denn sie würden diese Techniken wahrscheinlich nicht gern als Ablenkungstechniken bezeichnen. Ich will explizit keinem Stotterer davon abraten, diese Techniken einzusetzen, denn sie helfen in der Tat (auch mir immer wieder), akute Problemsituationen zu meistern – und was hilft, ist gut. Ich habe nur langfristig die Erfahrung gemacht, dass ablenkende Techniken mir nicht dauerhaft zu einem zufriedeneren Lebensgefühl verholfen haben. Nehmen wir als Beispiel die Technik des Vokaledehnens, welche ich bei meiner Logopädietherapie im Alter von 28 Jahren kennengelernt habe. Kurz erläutert: uuuuuum diiiese Teeechnik eiiinzuüüüüüben, muuuuss maaan prooooblemaaatische Vooookaaaale seeehr laaange deeehnen. Wenn man das flüssig drauf hat, dann nimmt man die

Dehnung wieder möglichst weit zurück, so dass es wieder einigermaßen kultiviert und deutsch klingt. Bei aller Perfektion in der Technik, ees bleeibt schoon etwaas Deehnung höörbaar – kann aber gut sein, dass es gar nicht mal jeder Zuhörer merkt. Die Technik half mir z. B. eine gewisse Zeit beim Vorlesen für meine Kinder. In der alltäglichen Unterhaltung hilft sie im Zweifel eher weniger. Es stellt sich wieder die Frage, was wohl befremdlicher wirkt: ein Stottern oder eine seltsam anmutende Dehnung ausgesuchter Vokale. Außerdem heiße ich halt nun mal "Jochen" und nicht „Jooochen", und ich will auch nicht „Jooochen" genannt werden, nur weil ich mich selbst so vorstelle. Also was passiert denn nun beim Vokale dehnen? Ich habe das immer so verstanden, dass ich dadurch vom Stottern abgelenkt werde, weil ich mich jetzt mehr darauf konzentriere, wann und wo und wie ich den nächsten Vokal dehnen sollte. Ganz ähnlich also wie beim Aufsagen von auswendig Gelerntem, nur dass diese Technik für die alltägliche Unterhaltung naturgemäß gar nicht nützlich ist. Wie gesagt, das mit der Ablenkung funktioniert schon, aber es nutzt sich eben auch ab. Irgendwann muss man sich gar nicht mehr so stark aufs Vokale dehnen konzentrieren, weil es einem in Fleisch und Blut übergegangen ist, und dementsprechend bleibt der erwünschte Effekt immer mehr aus – Vokaledehnen hilft mir zum Beispiel beim Vorlesen fast gar nicht mehr. Für mich selbst funktioniert überhaupt die ganze Ablenkungssache nicht wirklich, zum einen aufgrund der erwähnten technischen / methodischen Grenzen, vor allem aber, weil das nicht zufriedenstellend für mich ist. Ich will beim Reden nicht immer zwanghaft an was anderes denken, sondern will mich auf den Inhalt des Gesprächs konzentrieren (sofern ich denn mein Wort- und Satzbauanalyseprogramm ausblenden kann).

Eine andere Art der Ablenkungstechnik ist so eine Art „Singsangtechnik" (ich nenne das mal einfach so). Dabei arbeitet man mit unüblicher Betonung bestimmter Wortteile. Analog zum Vokaledehnen sollte man hier also erstmal versuchen, Wörter und Sätze eher zu singen als zu sagen, um dann später den Singanteil wieder Stück für Stück rauszunehmen. Auch diese Technik half mir zeitweise, aber heutzutage funktioniert das eigentlich nur für standardmäßige Textbausteine – Begrüßungsformeln am Telefon zum Beispiel.

Erst kürzlich musste ich mal wieder ans Vokaledehnen denken. Ich bin in ein Taxi gestiegen, was immer eine sehr angespannte Situation für mich ist, denn wenn ich da nicht verständlich machen kann, wo genau ich hinwill, lande ich erstens am falschen Ende der Stadt und zweitens wird es teuer. Leider bin ich aber ein sehr bequemer Mensch und setze mich daher relativ oft dieser Anspannung aus. Jedenfalls bin ich in jener Nacht in München am Sendlinger Tor ins Taxi gestiegen und wollte zum Herzog-Ernst-Platz, was ich beim ersten Mal natürlich nicht verständlich ausdrücken konnte – zumal der Taxifahrer offenbar asiatischer Herkunft war, so dass man ihm keinerlei Vorwurf machen konnte, dass

> er mich nicht verstanden hatte. Beim zweiten und dritten Mal hatte er es noch immer nicht verstanden, und nach dem vierten Mal sagte er dann mit einem Gesichtsausdruck, als hätte er eben das Rätsel alles Lebens auf Erden gelöst: „Acke soooo, su die Heeetzocke-Eeeenst Balaaatz!". Hätte ich doch nur die Vokale ordentlich gedehnt, dann hätte er mich sicher spontan verstanden.

Bei den Abiturprüfungen hat die Sache mit dem Auswendiglernen jedenfalls seinen Zweck bestens erfüllt. Die mündliche Prüfungsnote in Religion war ironischerweise meine beste Note im ganzen Abiturzeugnis überhaupt. Ein kleiner Haken bleibt: gut auswendig gelernt heißt nicht unbedingt den Inhalt verstanden zu haben. Aber halb so schlimm, denn ich meine, dass ich in den 22 Jahren seit meiner Abiturprüfung nie in einer Situation war, in der ich diese Inhalte hätte brauchen können.

Eine mündliche Prüfung mit Bravour bestanden – eigentlich vollkommen undenkbar. Das stärkte das Selbstvertrauen schon etwas, aber es stellte sich keine dauerhafte Besserung ein, kein dauerhafter Lerneffekt hinsichtlich der Angst vor dem Stottern in Problemsituationen. Heute noch mache ich mir Gedanken, was in nächster Zeit alles an Problemsituationen auf mich zukommen werden – ich habe keine panische Angst mehr davor, aber verschwende dennoch Gedanken daran.

Die unterschwellige Angst vor dem Stottersupergau

Auch nach hunderten von letztendlich gut gelaufenen Vorträgen, Besprechungen und Telefonaten lässt sich diese unterschwellige Angst auch heute noch nicht abstellen: warum sollte das nächste Mal nicht in einer Katastrophe enden, im totalen Stottersupergau, in dem ich kein vernünftiges Wort rausbringe? Solche Stottersupergaus tauchen vollkommen unvermittelt auf. Aus dem Nichts wäre übertrieben, denn man weiß ja, dass man grundsätzlich stottert. Unvermittelt im Sinne von auf einen Schlag, gerade auch in Phasen, in denen man meint, das Stottern besser im Griff zu haben. Für einen Moment versagen alle Techniken, alle Abwehrmechanismen, die ganze Verteidigungslinie fällt in sich zusammen, man weiß gar nicht so recht warum gerade hier und jetzt. Die Situation eskaliert, man hat Angst vor dem Stottern, stottert deshalb immer mehr (und andersherum), bis man nur noch im Erdboden versinken will. Nüchtern betrachtet ist so etwas in den letzten 25 Jahren nur sehr, sehr vereinzelt vorgekommen. Doch leider scheinen diese Einzelfälle auszureichen, diese Angst dauerhaft aufrecht zu erhalten. Das Gedächtnis speichert gnadenlos alle negativen Ereignisse ab und stellt sicher, dass sie immer präsent bleiben. Man kennt den Effekt von der Reise mit der Deutschen Bahn: wenn eine Verspätung auftritt, kommt es einem vor, als ob die Züge grundsätzlich immer Verspätung haben – reflexartiger Gedanke: „ich will einmal erleben, dass

> bei der Bahn alles reibungslos funktioniert". In Wahrheit erinnert man sich aber an die vielen pünktlichen Fahrten einfach nicht mehr, weil man sie als selbstverständlich akzeptiert und abgehakt hat. Diese vereinzelten Stottersupergaus sind ja tatsächlich geschehen, mal erwartet, mal unerwartet. Warum also in einer Stunde oder morgen nicht wieder? Der letzte ist so lange her, da wäre es doch mal wieder an der Zeit, oder?

Zivildienst

Der Zivildienst verlief stottertechnisch insgesamt unspektakulär. Die Problematik mit dem Bewerbungsgespräch wurde geschickt umschifft, denn mein Vater war im Stiftungsrat der Einrichtung, in der ich den Dienst antrat. Das selbe Spiel übrigens später auch bei der Berufsausbildung, weil der Inhaber und Geschäftsführer des Ausbildungsbetriebs ein alter Freund meines Vaters war. Erscheint unfair und verwöhnt, kam mir aber natürlich sehr entgegen, also warum diese Vorteile nicht ausnutzen? Jedenfalls beginnt mit jedem neuen Lebensabschnitt das gleiche Drama von vorne. Neue Leute, keiner kennt dich, dein Problem und deinen Namen. Zudem hatte ich Pech und wurde auserwählt, an einem zweiwöchigen auswärtigen Lehrgang teilzunehmen. Klare Sache, was mich da erwartete: neue Leute, keiner kennt dich, dein Problem und deinem Namen. Und dann gab es im Sitzkreis mit 25 Leuten eine Vorstellungsrunde. Wenn jeder doch mal schnell sagt, wie er heißt, wie alt er ist, wo er herkommt und warum er Zivildienst macht. Klar, nichts leichter als das. Tot umfallen oder einen Phantasienamen ausdenken sind in solchen Situationen beides keine Optionen, da musste ich also durch. Mit viel Glück komme ich bei solchen Vorstellungsrunden ganz am Anfang dran. Erstens habe ich es dann schneller hinter mir, sprich die Aufregung kann sich nicht in handfeste Panik steigern. Zweitens vergisst die Runde meinen Auftritt eher, wenn nach mir noch 24 Leute drankommen. Wenn man eher am Ende drankommt steigert sich die Spannung hingegen ins Unerträgliche, man weiß genau jetzt noch drei Leute vor Dir, zwei, eins – und alle Augen und Ohren auf Dir, wie Du Dich abmühst, Deinen Namen rauszubringen. Wenn ich also erfahre, dass ich z. B. auf einen solchen Lehrgang muss, dann male ich mir automatisch allerlei Stottersituationen aus, die da auf mich zukommen mögen. Alles andere tritt in den Hintergrund, hier z. B. die Tatsache, dass der Lehrgang in Maulbronn stattfand und dass man sich da die wunderbare Klosteranlage ansehen kann, immerhin Teil des Weltkulturerbes. Oder dass man nette Leute kennenlernen könnte, was in der Tat auch so geschehen ist – ich habe vielmehr sogar einen Freund hinzugewonnen, zu dem ich heute noch Kontakt habe. Wir waren abends auf der Canstatter Wasen, ein Riesenspaß. Im Endeffekt habe ich aus der Angstsituation „ich muss auf einen auswärtigen Lehrgang" sehr viele positive Aspekte mitgenommen – außer natürlich einem Lerneffekt, solchen Situationen künftig weniger skeptisch gegenüber zustehen.

Berufsausbildung

Nach dem Zivildienst trat ich eine kaufmännische Ausbildung bei einem in meiner Heimatstadt ansässigen mittelständischen Handelsunternehmen an. Und wieder: neuer Lebensabschnitt, gleiches Drama, neue Leute, keiner kennt dich, dein Problem und deinen Namen. Zuerst der ganze Ausbildungsbetrieb, dann die Berufsschule, neue Klassenkameraden, neue Lehrer – kurz: ein einziger Albtraum. Der albtraumhafte Zustand dauert dankenswerterweise immer nur während der Anfangsphase eines neuen Lebensabschnitts an, denn irgendwann kennen ja die meisten dich, dein Problem und deinen Namen.

Eine neue Dimension des Grauens war mein Ausbildungsabschnitt, den ich in der Telefonzentrale verbrachte – wohlbemerkt nur wegen des Telefons, denn die Kollegin, die mich dort betreute, mochte ich sehr gern. Gefühlt alle drei Minuten klingelte das Telefon und ich musste rangehen und die vorgeschriebene Formel runterrattern: „XYZ Handel, Jochen Praefcke, Guten Tag". Ja klar, als ob das auch nur annähernd möglich wäre, und zudem wissend, dass die anderen Kollegen im Büro mithörten. Mit der bereits beschriebenen „Singsangtechnik" habe ich es einigermaßen in den Griff bekommen, allerdings nur ohne das „Jochen" in der Formel, was mir vereinzelte Aufforderungen eingebracht hat, ich solle mich doch bitte genau an die vorgegebene Formel halten. Sorry, nicht möglich, ich habe zwar Abitur, kann meinen Namen aber nicht so ohne weiteres sagen. Ich in einer Telefonzentrale, das ist das krasse Gegenteil des Konzepts der Konzentration auf die Kernkompetenzen.

Das Telefon, Dein ärgster Feind

Mein Verhältnis zum Telefon ist seit jeher sehr schwierig. Wir hatten das ja schon: alle Situationen, in denen das Gegenüber genau in diesem Moment erwartet, dass man etwas sagt, sind schwierig. Das Telefon treibt diese Situation quasi auf die Spitze. Die Gestik und die Mimik fehlen, anhand derer das Gegenüber in der persönlichen Unterhaltung abschätzen kann, dass da jetzt was hätte kommen sollen. Am Telefon wird aufgelegt, wenn keiner was sagt. „Ja hallo, ist denn da niemand?". Aus selbigem Grund habe ich auch ein eher gespaltenes Verhältnis zu Drive-in-Schaltern. Da kann man gestikulieren so viel man will, wenn man halt nicht deutlich „zwei Hamburger" sagen kann, dann bekommt man halt nichts – oder drei Hamburger oder was ganz anderes oder ein freundliches „können sie bitte näher ans Mikrofon kommen und das wiederholen?".

Ein Telefon ist ja ganz ohne Stottern schon ein sehr aufdringliches Kommunikationsmedium: der Anrufer nimmt automatisch an, dass der Anrufende jetzt – genau jetzt – Zeit und Lust hat, zu reden. Die E-Mail kann locker ein paar Stunden oder gar Tage im Postfach liegen, bevor man sie beantwortet. Man tendiert aber dazu, das Telefon sofort abzunehmen, wenn es klingelt. Im Gegenzug erwartet der Anrufer auch irgendwie, dass jemand rangeht und sich meldet. Manche Menschen gehen ja auch mitten im persönlich vor Ort geführten Gespräch ans Telefon – die Sache am Telefon ist per se wichtiger, eiliger, interessanter, man könnte ja was verpassen, wenn man jetzt nicht abnimmt.

Wenn man das Telefon abnimmt oder wenn man jemanden anruft, gibt es bestimmte Konventionen – man sagt seinen Namen, im Idealfall Vor- und Nachnamen. Also, das ist ja wohl das Mindeste, was man verlangen kann, das kann ja wohl nicht so schwer sein, oder? Ich verlegte mich als Kind beim Telefonabnehmen zuerst auf ein simples „Ja", „Hallo" oder „Ja hallo", was trotz J und Vokalen flüssig zu sagen war, ganz im Gegensatz zu meinem vollen Nachnamen. Das soll einer verstehen. Meine Eltern waren damit nicht einverstanden, weil man sich so ja nicht am Telefon meldet. Vor- und Nachnamen, so gehört sich's. Nachnamen habe ich dann irgendwann recht gut hinbekommen (die Eltern waren halb zufrieden), Vor- und Nachname geht tatsächlich bis heute nicht sonderlich gut.

Meine ältesten Telefonerinnerungen sind aus den Zeiten, als ich abends alt genug war, um allein mit meinem zwei Jahre älteren Bruder zu Hause zu bleiben, während meine Eltern am Freitagabend am Stammtisch waren. Ich wollte ab und zu meine Eltern am Stammtisch anrufen, entweder weil ich irgendwie Angst hatte – wir wohnten in einem alten Haus, da knarzten die Bodendielen und die Holztreppe immer recht unheimlich – oder weil mir unwohl war, weil ich wissen wollte, wann sie heimkommen, wie auch immer, so genau kann ich das gar nicht mehr sagen. Manchmal war das auch schon der Anfang eines perfiden Plans, am Montag nicht in die Schule zu können, wegen eines Referats oder ähnlichem. Wenn ich aber nun in dem Lokal anrufe, dann muss ich deutlich sagen, wer ich bin und wen ich sprechen will. Ich hatte unzählige Male den Telefonhörer in der Hand, gewählt, gleich wieder aufgelegt, wieder abgehoben, gewählt, wieder aufgelegt, bis ich mich überwinden konnte, mich der Gesprächssituation zu stellen.

Heutzutage hat das Telefonieren für mich viel an Schrecken verloren. Das bringt der Job mit sich. Man bekommt eine gewisse Art von Übung und Routine in 16 Jahren voll von Telefonaten und Telefonkonferenzen. Der Beginn eines jeden Telefonats ist und bleibt ein neuralgischer Punkt, aber insgesamt belastet mich der normale Telefonbetrieb nicht mehr sonderlich, und meistens ist es mir auch egal, ob jemand anderes zuhört, während ich telefoniere.

Sehr belastend sind allerdings sprachgesteuerte Telefonmenüs, die heutzutage leider allgegenwärtig sind, und Anrufbeantworter oder anderweitige Szenarien, in denen mein Sprechen aufgezeichnet werden soll. Eine Menüsteuerung mit reinen „Ja / Nein"-Optionen geht meistens noch, wobei manche Maschinen doch recht dumm sind und sogar bei einem „Ja" nochmals nachfragen, ob ich „Ja" meinte – was ein weiteres „Ja" erforderlich macht. Manche Menüs sind gemeiner, da muss man „Rechnung", „Kundenberater" oder seine Postleitzahl sagen, in der zu allem Übel eine zwei oder eine drei vorkommen könnte. „Entschuldigung, den letzten Befehl habe ich nicht verstanden. Bitte wiederholen Sie Ihre Postleitzahl". Heutzutage braucht jedes Dixie-Klo einen rollstuhlgerechten Eingang – warum muss ich mich eigentlich mühevoll durch solche sprachgesteuerten Menüs stottern?

Auf Anrufbeantworter spreche ich nicht gerne. Als Anrufer noch eher, also wenn ich eine Nachricht hinterlassen will oder soll. Ich habe mal zufällig meine eigene Nachricht, die ich von unterwegs meiner Frau hinterlasse habe, auf dem Anrufbeantworter abgehört. Da wird einem knallhart vor Augen geführt, dass man nicht mal den einfachsten Satz wie „Hallo, ich bin's, ich komme heute etwas später heim" ohne Stottern sagen kann. Ich meine, man weiß ja sowieso, dass man stottert, aber man will es nicht auch noch selbst hören. Den Ansagetext auf meinem eigenen Anrufbeantworter zu personalisieren, das geht gar nicht. Die Aufnahmesituation an sich ist purer Stress, man weiß, man muss den ganzen Satz jetzt, genau jetzt, am Stück gut verständlich und flüssig sagen. Jetzt kann man die Singsangtechnik anwenden oder was auch immer, aber dann bloß nicht selbst anhören. Die meisten Geräte spielen einem die Aufnahme aber automatisch vor und fragen, ob man das so speichern will. Die Antwort ist dann meistens „nein, besser nicht". Bei meinem Anrufbeantworter im Geschäft habe ich im Endeffekt die vom Computer personalisierte Ansage gelassen. Das System ist englischsprachig, der Anrufer hört also, dass dies der Anrufbeantworter von

„Tschocken Bräfgi" ist. Es hätte mich sehr viele Versuche gekostet, etwas aufzunehmen, was besser gewesen wäre. Im Geschäft, da wurde kürzlich auch ein neues System eingeführt, wo man für bestimmte Dinge seine Stimme als Passwort verwenden muss – weil das ja viel komfortabler ist, denn seine Stimme hat man ja immer dabei und kann sie nicht vergessen. Bei der Einführung des Systems musste ich nach dem Signalton sagen „I use my voice as my password". In Kombination mit der Aufnahmesituation hänge ich hier garantiert bei „*u*se", bei „*v*oice" und bei „pass*w*ord". Jetzt muss ich halt bei jeder Abfrage des Losungssatzes sicherstellen, dass ich ähnlich stottere, sonst erkennt mich das System womöglich nicht. Andererseits meint das System aber, mein Satz sei schon zu Ende, wenn ich mal hängen bleibe. „Entschuldigen Sie, Ihre Antwort war zu kurz. Bitte wiederholen Sie". Erst kürzlich musste ich für die Aktivierung irgendeines Zugangscodes bei meinem Arbeitgeber sage und schreibe sieben verschiedenen Personen auf drei verschiedenen Kontinenten meinen Vor- und Nachnamen, meine Angestelltennummer, meinen Geburtstag und meinen Standort sagen, bevor ich dann meinen Losungssatz für die Stimmerkennung sagen durfte – der natürlich als zu kurz und damit als ungültig identifiziert wurde. Als Ersatz musste ich dem Herrn aus Indien dann irgendeine siebenstellige Ziffernfolge diktieren, die wohl nur ich kennen kann, um mich zu identifizieren – diese Zahl enthielt dankenswerterweise keine „one", denn die ist wirklich schwierig auszusprechen. Es treibt einen langsam aber sicher in den Wahnsinn.

Eine weitere Stufe der Anspannung ergab sich, als ich mal bei meinem Logopäden anrufen musste, weil ich auf dem Weg zu ihm einen kleinen Unfall hatte und daher nicht kommen konnte. Das musste ich dann auf den Anrufbeantworter sprechen. Zur üblichen Aufregung kam hinzu, dass der Logopäde meiner Meinung die Aufnahme gleich wieder aus therapeutischer Sicht analysieren und daher besonders genau hinhören würde. Zur Anspannung der Aufnahmesituation kam also die Gewissheit dazu, genau beobachtet zu werden. Beides für sich allein ist schon ein Garant für höchsten Stotteralarm. Absurderweise habe ich mich also ausgerechnet vor meinem Logopäden extrem für mein Stottern geschämt. Blöder geht es kaum mehr, und wenn irgendjemand auf der Welt außer mir selbst ganz sicher ohnehin schon weiß, dass ich stottere, dann wohl mein Logopäde. Er wäre sicherlich eher erstaunt gewesen, wenn ich auf seinem Anrufbeantworter nicht gestottert hätte.

Ich habe übrigens mal gelesen, dass es für Stotterer hilfreich sein kann, gleich zu Beginn des Telefonats klipp und klar zu sagen, dass man Stotterer ist. Das war leider nicht als Witz gemeint. Der Satz „Ich bin Stotterer" kann verdammt schwer zu sagen sein, wenn man bei Vokalen am Wortanfang und nach bestimmten Konsonanten tendenziell hängen bleibt, ganz abgesehen von der zusätzlichen Aufregung durch die Telefonsituation und das offene Thematisieren des Stotterns.

> Was mir persönlich speziell beim Telefonieren hingegen wirklich hilft ist, bewusst tief einzuatmen, bevor man seinen Namen sagen muss – also vor dem Abheben beim eingehenden Anruf oder während sich der vom mir selbst Angerufene mit Namen meldet. Und dann quasi beim Ausatmen gleich den Namen und die Begrüßung mit rauszulassen. Gut, letztendlich ist auch das ein Stück weit eine Ablenkungstechnik, aber es hilft, die akute Problemsituation zu überstehen. Andererseits ist man aber, nun ja, abgelenkt, durch die angespannte Situation an sich und dann zusätzlich noch durch die Sache mit dem bewussten Atmen. Wenn ich wo anrufe, wo ich niemanden bestimmten kenne oder sprechen will, also z. B. auf irgendeinem Amt oder bei einer Hotline, dann weiß ich manchmal, nachdem ich meinen Namen gesagt habe, gar nicht mehr wie der Angerufene heißt. Da war ich dann wohl zu stark abgelenkt und aufgeregt.

Am Ende der Ausbildungszeit stand u.a. eine mündliche Prüfung an. Das gleiche Spiel wie bei der mündlichen Abiturprüfung begann von vorne, nur dass ich bereits eine erprobte und erfolgversprechende Taktik zur Hand hatte. Viel lernen, mit Inhalten punkten, auswendig lernen. Was soll ich sagen, es hat funktioniert, wieder mit gutem Ergebnis. Die dritte große mündliche Prüfung in meinem Leben verlief gut, natürlich hatte ich in der Prüfung gestottert und natürlich wollte ich im Erdboden versinken, aber das Ergebnis war in Ordnung, und das zählt. Die grundsätzliche Angst vor solchen Prüfungen blieb aber nach wie vor.

Studium

Während meiner Ausbildungszeit reifte der Gedanke, dass ich mich nicht lebenslang im Beruf des Groß- und Außenhandelskaufmanns sah. Die Ausbildung war interessant, keine Frage, aber vielleicht war ich auch noch zu jung um zu sagen „so, das war's, jetzt ab ins Berufsleben und dann durchalten bis zur Rente". Da eine abgeschlossene Berufsausbildung bei einem Fachhochschulstudium in gewissem Ausmaß anerkannt wird und die Studienzeit verkürzt habe ich mich an der FH Augsburg für ein Studium der Betriebswirtschaftslehre eingeschrieben. Aus heutiger Sicht kann ich nicht mehr nachvollziehen, was einen an BWL ernsthaft und von Herzen interessieren könnte. Die Entscheidung für BWL war wohl Ausdruck einer gewissen Ideenlosigkeit, was mich wirklich interessiert hätte. Mit meiner Laufbahn und Einkommensentwicklung nach dem Studium bin ich ja insgesamt zufrieden, also total verkehrt ist so ein BWL-Studium sicherlich nicht. Dennoch wäre ich heute froh, ich hätte etwas studiert, was mir sozusagen mehr am Herzen liegt, denn ein gutes Einkommen ist zwar zweifelsohne angenehm, aber eben nicht alles. Jedenfalls war die Studienzeit insgesamt phantastisch, zusammen mit dem Zivildienst die unbeschwerteste Zeit meines Lebens, trotz einiger akuter Problemsituationen, die im Gedächtnis blieben. Eigene Wohnung, tolle Stadt, nette Kommilitonen. Ich hatte kurz vor Studienantritt meine heutige Frau kennengelernt, das war natürlich schlechtes Timing, gerade dann wegzuziehen. Der Dauerhaftigkeit der Beziehung hat es keinen Abbruch getan, und meine Frau hatte in den Folgejahren einen erheblichen Anteil daran, wie gut ich heute mit meinem Stottern lebe.

Ansonsten wie immer: neuer Lebensabschnitt, neue Menschen, schwierige Anfangsphase. Natürlich will jeder wissen, wie Du heißt, und die meinen das nicht mal böse. Was neu war: ich verspürte noch mehr Druck, das Stottern zu verbergen, weil ich ja in einer ganz neuen Stadt war, quasi ein Neustart. Ich gab mich der Utopie hin, dass ich der Augsburger Öffentlichkeit einfach von Anfang an den nichtstotternden Jochen präsentiere, und dann merkt es auch keiner, und alles ist gut. Das funktionierte meistens so lange, bis mich einer nach meinen Namen fragte oder ich im Beisein von Kommilitonen in der Mensa mein Essen bestellt habe. Im Nachhinein frage ich mich, warum ich so lange nicht kapiert habe, dass es einfach jeder merkt. Der Plan war auch deshalb schon zum Scheitern verurteilt, weil gefühlt halb Ravensburg in Augsburg studiert hat, das heißt ich kannte auch schon einige Menschen und die kannten mich mitsamt meinem Problem.

Die Prüfungen an der FH waren alle schriftlich – das wusste ich vorher gar nicht, kam mir aber sehr entgegen. Gleich zu Beginn der Studienzeit entwickelte ich auch einen Ehrgeiz, den ich aus der Schulzeit gar nicht kannte. Ich wollte gute Studienergebnisse, weil das Studienzeugnis bei späteren Bewerbungen der erste Eindruck ist, den Du hinterlässt. Das alte Spiel: mit Inhalten und Fakten punkten, das Problem des Stotterns – welches im Bewerbungsgespräch unweigerlich auftauchen wird – muss für den potentiellen Arbeitgeber in den Hintergrund rücken. Der Arbeitgeber muss Dich wollen, trotz des Stotterns. Das war der Antrieb, der mich mit gutem Ergebnis durch die Vordiplom- und Diplomprüfungen brachte.

Der Studienalltag besteht aber nicht nur aus Prüfungen. In Wirtschaftsenglisch fühlte ich mich schmerzhaft an alte Schulzeiten erinnert: Vorlesen, zu allem Überfluss auf Englisch, und alle hören zu (oder auch nicht; die meisten waren wohl vorwiegend körperlich anwesend). Ich fragte mich oft, warum ich mir das alles antue. Ich fahre ja auch nicht Ski, weil ich Angst davor habe und weil ich früher schlechte Erfahrungen damit gemacht habe. Warum bringe ich mich also wissentlich immer wieder durch Lebensentscheidungen in diese unangenehmen Lagen? Aus heutiger Sicht bin ich natürlich dankbar dafür, dass ich mich durchgequält habe. In allen anderen Fächern gab es nichts zum Vorlesen, aber man musste halt auch ab und zu was sagen. Im Schwerpunktstudium, siebtes Semester, stand ein potentieller Stottersupergau in Form eines Referates bevor. Das letzte Mal, dass ich ein Referat gehalten hatte, war irgendwann in der elften Klasse, locker acht Jahre her. Eine Referatssituation ist grundsätzlich anders als eine mündliche Prüfung. Bei der mündlichen Prüfung sitzen einem drei Prüfer gegenüber, die Du im Zweifel nie mehr in Deinem ganzen Leben wiedersiehst. Ein Stottersupergau ist natürlich immer sehr unangenehm in dem Moment, in dem er geschieht. Abgesehen vielleicht von der Prüfungsnote würde dieser Stottersupergau aber keine Auswirkungen auf meinen späteren Alltag haben. Anders beim Referat: das Publikum besteht aus den Menschen, die Du tagtäglich siehst, mit den Du studierst, feierst, abhängst. Kommilitonen, manche davon zum echten Freund geworden. Es ist absurd, dass man sich gerade vor diesen Menschen so schämt, die einen ja schon kennen und akzeptieren wie man ist. In der Tat hat nie jemand aus diesem Personenkreis irgendeinen blöden Kommentar abgeben, nie war mein Stottern überhaupt Thema. Die Angst und das Schamgefühl bzw. die Angst vor dem Schamgefühl war gegen alle Vernunft nicht abzustellen. Ich weiß nicht mehr, was das Thema meines Referats war, aber ich weiß, wie ich es überstanden habe: mit einem fertig bis ins letzte Detail vorformulierten Text, jede Formulierung auf Aussprechbarkeit hin optimiert, und dann auswendig gelernt. Der Vortrag des Kunstwerks erfolgte dann mit einer Art Singsangtechnik, kombiniert mit irgendwelchen Körperwipp- und Neigetechniken. Souverän und professionell sieht anders aus. Ehrlich, wenn ich mir selbst zugesehen hätte, wäre meine erste Reaktion wahrscheinlich gewesen: „Was für ein Freak"!

Immerhin war das so ausgeklügelt, dass ich in der Tat nicht oft stotterte beim Vortrag. Aber zu welchem Preis? Das war ein Stottersupergau, der interessanterweise ohne viel Stottern einherging. Die Kommilitonen und der Professor fanden den Vortrag übrigens gut, ich nehme mal stark an, sie meinten rein den Inhalt.

Im achten Semester stand ein weiteres Referat an, dieses Mal aber in der Kleingruppe zu erarbeiten. Die Arbeitsaufteilung in der Gruppe war jeder Gruppe selbst überlassen. Ich konnte das so organisieren, dass ich die ganzen Präsentationsmaterialien mache und dafür nichts vortrage. Das war vom notenmäßigen Ergebnis her ein Erfolgsmodell, auch habe ich viel über PowerPoint gelernt. Ansonsten war das im Nachhinein gesehen nicht optimal. Zum einen hatte ich mich (wieder mal) clever gedrückt, die Risikosituation vermieden – das führt auf Dauer zu Unzufriedenheit. Zum anderen wurde ein anderes

Problem dieser Taktik offenbar: ich hatte insgesamt deutlich mehr Arbeit in diese Gruppenarbeit investiert als jeder andere in der Gruppe. Ich wollte so unbedingt vermeiden, selbst einen Teil vortragen zu müssen, dass ich wohl fast alles gemacht hätte, hätte man es zur Bedingung gemacht. Das ist durchaus ein gefährliches Muster, wenn es sich dauerhaft im Leben etabliert. Übertrieben gesagt: man macht man sich erpressbar. Meine Kommilitonen haben mich damals übrigens in keiner Weise erpresst. Ich selbst habe von mir aus angeboten, so viel zu machen, weil ich ja eben unbedingt nichts vortragen wollte.

Das Stottern offen thematisieren

Wäre ich in der oben beschrieben Situation souverän mit dem Thema umgegangen, hätte ich gesagt: „Leute, Ihr wisst, ich stottere, daher schlage ich vor, dass ich mich im Hintergrund halte und Ihr den eigentlichen Vortrag haltet, weil Ihr das einfach besser könnt". Stattdessen habe ich aber um den heißen Brei herumgeredet, habe so lange darauf rumgeritten, dass ich gerne die Präsentation machen würde, auch wenn das viel Arbeit ist, bis sich quasi jemand gezwungen fühlte anzubieten, dass ich dann dafür aber nichts vortragen müsse, denn sonst sei das unfair. Intrigantes Strippenziehen anstatt offener Kommunikation. Ich war damals noch nicht so weit, öffentlich das auszusprechen, was sowieso jeder wusste: ich stottere. Weil ich ja nach wie vor hoffte, dass es vielleicht doch noch nicht jeder gemerkt hat (ja, klar …). Irgendwie fühlte es sich nicht richtig an, darüber zu sprechen, die Menschen schienen nicht bereit zu sein, offen damit umzugehen. Würden sie betreten zu Boden schauen, wenn ich es erwähnte? Würden sie so tun, als hätten sie es noch gar nicht bemerkt? Ich habe mal eine Unterhaltung zwischen einem guten Freund und seinem Cousin zufällig mitgehört, als ich eben ins Zimmer eintreten wollte, das muss so in der 10. Klasse gewesen sein. Der Cousin hatte mich eben erst vor ein paar Stunden kennengelernt und hatte, oh Wunder, bemerkt, dass ich stottere. Er fragte dann meinen Freund, was denn mit mir sei, warum ich denn so Probleme beim Reden hätte. Mein Freund erklärte ihm, dass ich stottere, aber dass er mich nicht darauf ansprechen solle, denn ich würde da nicht gerne darüber reden. Da hatte er in dem Moment damals absolut Recht. Am liebsten war mir, wenn das Stottern einfach alle ignorierten, so taten als ob es nicht da wäre. Das ist auch heute noch im Alltag ein wünschenswerter Zustand, denn wenn mein Stottern jedem im positiven Sinne egal ist – sprich die gesprochenen Inhalte zählen, ob flüssig gesprochen oder nicht – dann ist das gut. Das ist genau der gleiche Umgang, der sich für Entstellungen, Narben, wie auch immer geartete Abweichungen von der sogenannten Norm, empfiehlt. Achtung, Binsenweisheit: Inhalt und Charakter zählen, Äußerlichkeiten sind sekundär. Das Problem beim Konzept des positiven Ignorierens ist aber, dass ich es als Betroffener selbst eben nicht ignorieren kann. Ich werde täglich auf den Boden der Tatsachen zurückgeholt. Im Alltag im positiven Sinne ignorieren ist also nicht zu verwechseln mit „nicht ernst nehmen". Wenn nämlich der Stotterer, der Entstellte, der Abweichler über seine Sorgen und Ängste reden will, dann hilft es nicht, wenn das Problem als unerheblich abgetan und bagatellisiert wird. „Das bisschen Stottern, also komm, das fällt doch keinem auf". Also, mir schon, sogar stark genug, als dass es mein Lebensgefühl nachhaltig prägt.

Die Episode zwischen meinem Freund und seinem Cousin zeigt, wie damals mit dem Thema umgegangen wurde. Heutzutage gehe ich offen damit um. Ich rede über das Stottern an sich, über mein Stottern, was gestern wieder blöd lief wegen des Stotterns und so weiter. Keiner der Gesprächspartner schaut betreten zu Boden, keiner tut so, als wäre es ihm nicht aufgefallen. Ganz im Gegenteil, die Mehrheit der Menschen reagiert irgendwie erleichtert, dass das Tabu gebrochen ist. Die Unsicherheit ist weg, ob man darüber reden darf oder ob man einen Stotterer vor sich hat, der ohnmächtig vor Scham wird, wenn man es anspricht. Das lockert ungemein auf. Diese Taktik lässt sich hervorragend mit Humor verbinden. Wenn jemand sich verhaspelt und versehentlich stottert, einfach sagen „Hey, fürs Stottern bin aber immer noch ich zuständig hier". Oder „Sag mal, kannst Du nicht normal reden"? Die Anwesenden und insbesondere der sich Verhaspelnde müssen natürlich wissen, dass man selbst stottert, ansonsten schlägt der Gag nicht wirklich ein. Die Leute wissen nun, dass der Stotternde offen damit umgeht und dass er die Sache auch noch mit Humor nimmt. Die oberste Stufe der

> Lockerheit ist erreicht, und siehe da, der Druck, das Stottern verbergen zu müssen nimmt ab, ergo das Stottern selbst nimmt ab.

Sprung zurück ins sechste Semester, ein Praxissemester – zwangsläufig verbunden mit Vorstellungsgesprächen. Der Druck, das Stottern zu verbergen, war wieder immens, der Effekt wie immer der gleiche: ich stotterte umso mehr. Von den ersten beiden Firmen bekam ich Absagen, und im Nachhinein betrachtet meine ich, dass das nicht zwangsläufig am Stottern lag. Absagen nach Vorstellungsgesprächen sind ja auch aus anderen Gründen durchaus üblich. Beim dritten Unternehmen – bei dem ich bis heute, rund 16 Jahre später noch immer beschäftigt bin – hat es mit dem Praktikumsplatz geklappt, obwohl ich im Vorstellungsgespräch aufgeregt war und daher auch recht stark stotterte. Mein damaliger Chef, Abteilungsleiter Projektmanagement, ging glücklicherweise sehr locker und offen mit dem Stottern um. Er erzählt mir heute noch gerne die Anekdote, wie die Personalsachbearbeiterin, die den ersten Teil des Bewerbungsgespräches mit mir geführt hatte, zu ihm ins Büro kam und fassungslos sagte: „Herr B., der Kandidat stottert!". Seine Antwort war so einfach wie genial: „Na und?". Ich bekam die Stelle, er nahm mich unter seine Fittiche und er zwang mich mit Kollegen zu reden, zu telefonieren, Englisch zu reden – indem er mich einfach behandelte wie jeden anderen, und da ist es nun mal selbstverständlich zu reden, zu telefonieren und Englisch zu reden. Auch sein offener Umgang mit der Problematik war hilf- und lehrreich. Er hatte offenbar kein Problem damit, über mein Stottern zu reden, immer wieder, aber eben in konstruktiver und angenehmer Weise. Jahre später sagte er bei einem privaten Treffen, lange nachdem er schon nicht mehr bei der Firma war, ich wäre der ideale Mann im Hintergrund, der „Schattenmann", der minutiös die Fäden zieht, um die entsprechende Person in der ersten Reihe perfekt zu unterstützen. Er meinte, das Stottern würde natürlich gewisse harte Grenzen ziehen, was die berufliche Karriere angeht, denn Funktionen die vornehmlich repräsentieren, vorne stehen, öffentlich reden sollen, wären halt nicht optimal geeignet. Da stimme ich inhaltlich nur sehr eingeschränkt überein, was wir dann auch ausdiskutiert haben. Inhalt hin oder her, allein die Tatsache, dies offen mit jemanden diskutieren zu können, tut gut – zumal mit jemandem, der eindeutig Position bezieht, wenn auch konträr zu meiner eigenen Meinung. Genau diese Art der Behandlung auf Augenhöhe half mir, das nötige Selbstvertrauen im Berufsleben zu erlangen. Nicht vorzustellen, wie sich mein Berufsleben und damit auch mein ganzes Leben entwickelt hätten, wäre ich gleich beim Einstieg an einen ignoranten Zweifler geraten.

Lebensbereiche

Mein Stottern ist je nach Lebensbereich unterschiedlich stark ausgeprägt. Zur Veranschaulichung will ich mein Leben grob in zwei große Bereiche einteilen: das Privatleben und das Berufsleben. Ein Logopäde sagte mal zu mir, dass man im eher vertrauten, privaten Umfeld tendenziell weniger stottern würde, während man draußen, sozusagen in der gefühlskalten Arbeitswelt, mehr stottern würde. Hierbei geht man vermutlich davon aus, dass man im privaten Umfeld weniger Druck verspürt, das Stottern zu verbergen und man so insgesamt lockerer wird und folglich weniger stottert. An dieser Kausalkette ist nichts auszusetzen, da stimme ich grundsätzlich überein – überraschenderweise verhält es sich bei mir aber genau andersherum, ich stottere privat tendenziell mehr als geschäftlich. Natürlich stottere ich im beruflichen Umfeld nach wie vor merklich, insgesamt bin ich aber sprachlich stabiler und flüssiger als im privaten Umfeld. Dabei fühle ich mich definitiv im privaten Umfeld vertrauter aufgehoben als im beruflichen Umfeld. Woran mag das also liegen? Zum einen unterscheiden sich die beiden Lebensbereiche durch die zu behandelnden Themenstellungen. Im Berufsleben arbeitet man viel mit Fachsprache und Standardformulierungen. Wenn ich mich mit einem Thema gut auskenne, ist der Verlauf einer Unterhaltung planbarer, ich weiß was auf mich zukommt, ich habe all diese Dinge im Zweifel schon zehn Mal zehn unterschiedlichen Personen genau so erzählt. Ich könnte mich jedenfalls sicherer und flüssiger mit einem Kollegen über bankenaufsichtsrechtliche Sachverhalte unterhalten als mit einem Nachbarn über die Hecke weg über die anstehende Gemeinderatswahl oder das Wetter. Der ganze Smalltalk liegt mir nicht sonderlich (ob ausschließlich wegen des Stotterns sei dahingestellt). Vor allem aber sind die Sprechsituationen im Berufsumfeld oft störungsfreier, das heißt einer nach dem anderen spricht in einem ansonsten ruhigen

Umfeld, zum Beispiel in einem Besprechungszimmer. Auf Partys und in Bars rede ich wegen des allgemeinen Lärmpegels nur sehr ungern, das gilt auch schon für normale Restaurants mit ungünstiger Raumakustik und entsprechendem Lärmpegel. Wenn ich mich selbst schon nicht richtig sprechen höre und ich lauter reden muss, stottere ich automatisch mehr. Diese Arten von Situationen, in denen viele Menschen durcheinander reden, kommen im Privatleben einfach öfters vor. Dennoch widerspricht diese Verteilung des Stotterns über die beiden Lebensbereiche meiner ansonsten festen Überzeugung, dass weniger Druck, das Stottern zu verbergen, zu weniger Stottern führt. Vielleicht erlaube ich mir durch die Vertrautheit im privaten Umfeld mehr zu stottern, denn was habe ich zu verlieren, die allermeisten Menschen kennen und akzeptieren mich so wie ich bin? Bildlich gesprochen würde sich also das Stottern im Berufsleben etwas aufstauen und zum Ausgleich dann im Privatleben rauskommen. Das würde aber wiederum bedeuten, dass ich hier irgendwas ganz bewusst steuern kann, was aber nur sehr eingeschränkt der Fall ist. Letztlich muss ich eingestehen, dass ich mir das nicht schlüssig erklären kann. Ich frage mich auch manchmal, ob ich diese Verteilung mag, oder ob ich, wenn ich eine Wahl hätte, den Sachverhalt gerne andersherum regeln würde.

Unter besagtem Chef habe ich in der Projektmanagement-Abteilung nach dem Praxissemester zuerst als Werkstudent und dann als Diplomand gearbeitet. Mein Plan war, nach dem Studium dann direkt bei dieser Firma in Festanstellung einzusteigen. Großer Konzern, interessante Themen, gute Verdienstmöglichkeiten – und natürlich auch kein Vorstellungsgespräch nötig und die Leute dort kannten mich schon. Also auch ein gutes Stück Bequemlichkeit im Spiel. Nun war aber eigentlich Einstellungsstopp, so dass ich in den sauren Apfel beißen musste, mich auch anderweitig zu bewerben. Das Vorstellungsgespräch bei einer großen Wirtschaftsprüfungsgesellschaft blieb mir besonders im Gedächtnis, ich stotterte mich in gewohnter Manier durch, aber hatte eben auch fachlich keine Ahnung. Der freundliche Herr wollte spontan mal erklärt haben, wie welches Börseninstrument genau funktioniert und wie man welche bilanzielle Rückstellung steuerlich genau zu behandeln hat. Auf die Frage, warum ich denn im 4. Halbjahr der Oberstufe nur 4 Punkte (entspricht einer 4 minus) im Mathematik-Leistungskurs hatte, wusste ich dann aber endgültig keine Antwort mehr. Also wirklich, da legt man ein Tiptop-Diplomzeugnis vor, und er fragt nach den Sünden meiner Jugend – das war 8 Jahre her, seitdem war ich Zivi, Azubi und Student. Um ehrlich zu sein wusste ich den Grund natürlich sehr wohl, aber ich wollte mit dem Herrn meine Feiergewohnheiten zu Landsknechtszeiten lieber nicht im Detail erörtern. Ich habe wenig überraschend eine Absage bekommen, aber definitiv nicht wegen des Stotterns (jedenfalls nicht ausschließlich). Der Ansatz, der sich schon bei den Abiturprüfungen herauskristallisiert hatte, wurde hier nochmals bestätigt: ich muss besser vorbereitet sein, ich muss fachlich fit sein, der Inhalt muss das Stottern überstrahlen. Langsam festigte sich dies als Credo und Überlebenstaktik für das Berufsleben. Die Absage war übrigens schnell verschmerzt, denn der Einstellungsstopp wurde aufgehoben und ich konnte in der Firma bleiben, in der ich bereits war – und außerdem gab es die Wirtschaftsprüfungsgesellschaft ironischerweise zum Zeitpunkt meines Berufsantritts schon gar nicht mehr, weil sie als Folge des Enron-Skandals untergegangen war.

Berufliche Laufbahn

Im April 2002 habe ich also eine Festanstellung bekommen und bin in den Bereich Risiko und Compliance-Management gewechselt. Also neuer Chef und neues Team, aber dankenswerterweise kannten mich viele schon aus meinen knapp 2 Jahren als Student im Projektmanagement. Mit dem Telefonieren war ich nach wie vor auf Kriegsfuß, zumal ich nun im Großraumbüro saß und mir klar war, dass alle hören konnten, wenn ich telefonierte und wie ich telefonierte. Die Leute haben natürlich anderes zu tun als meinen Gesprächen zuzuhören, aber ich merke ja selber auch, dass man im Hintergrund alles mitkriegt, was die Kollegen so reden und tun. Die neue Stelle brachte auch vermehrt die Anforderung mit sich, Englisch zu reden, was mir anfänglich schwer fiel.

Sprachkenntnisse: Deutsch und Englisch, beides nicht wirklich fließend

Man merkt ziemlich schnell, dass man mit seinem

Schulenglisch aus 9 Jahren Gymnasium inklusive Leistungskurs plus 4 Semester Wirtschaftsenglisch aus dem Studium im Arbeitsalltag zwar eine nette Basis hat, aber noch lange nicht automatisch alltagstauglich und fließend Englisch spricht. Erschwerend kommt hinzu, dass ich wörtlich genommen nicht mal meine Muttersprache fließend sprechen kann. Da macht einfach nur Übung den Meister, und Möglichkeit zum Üben gab es hier zuhauf – anfänglich zu meinem Leidwesen, letztlich natürlich klar zu meinem Vorteil, denn inzwischen würde ich behaupten, dass ich verhandlungssicher Englisch spreche, und zwar ähnlich fließend oder eben unfließend wie ich Deutsch spreche. Das gilt zumindest für branchentypisches *Business English*. Ein Exkurs über die Kauwerkzeuge des Maikäfers würde mir auf Englisch schwerer fallen als auf Deutsch, weil ich mich damit nicht auskenne und weil mir schlicht die Fachvokabeln fehlen. Ich stottere also auf Deutsch und auf Englisch gleichermaßen, wobei man eigentlich annehmen sollte, dass die Vokabelsuche in einer Fremdsprache automatisch als klassische Ablenkungstechnik funktionieren könnte. Da überwiegt anfangs – also mit wenig Übung – aber noch das auch für Nichtstotterer übliche Hemmgefühl, überhaupt Englisch zu reden, insbesondere wenn noch weitere Deutschsprachige zuhören. Man ist allgemein aufgeregter, was das Stottern tendenziell fördert. Und irgendwann kann man dann Englisch so gut, dass die Vokabelsuche so automatisch funktioniert wie auf Deutsch auch, es stellt sich also kaum noch ein Ablenkungseffekt ein.

> Auch wenn ich in beiden Sprachen gleichermaßen stottere, stottere ich nicht „identisch". Ich hänge zwar bei den gleichen Stolpersteinen, also z. B. beim Vokal nach weichem Konsonanten. Damit hänge ich im Englischen aber naturgemäß bei ganz anderen Wörtern und Satzteilen. Bleiben wir beim Beispiel der Zahlen, das ich bereits für die deutsche Sprache erläutert hatte. Die phonetische Ähnlichkeit zwischen der zwei und der drei fällt auf Englisch schon mal weg. Dafür ist die eins besonders angstbesetzt, weil „one" phonetisch mit irgendwas „w-ähnlichem" anfängt, gefolgt von einem phonetischen „a", oder wie auch immer. Vokal auf einen weichen Konsonanten halt. Meine Mitarbeiternummer endet auf „911", und wenn ich bei irgendeiner IT-Helpdesk-Hotline anrufe, muss ich außer meinem Namen oft auch noch meine Mitarbeiternummer sagen. „Nine One One" ist in der Tat eine Herausforderung, und die Option „Nine Eleven" – auch richtig und viel einfacher zu sagen – scheidet aus, weil sonst die NSA die Anti-Terror-Einheit losschickt.

Der Arbeitsinhalt war interessant und herausfordernd und ich konzentrierte mich immer mehr auf die Taktik, mein Fachwissen zu vertiefen und zu festigen. Mein damaliger Chef war hierfür geradezu ideal, da er selbst über ein sehr detailliertes Fachwissen im Bankenaufsichtsrecht verfügte und mir dieses Wissen bereitwillig vermittelte. Überhaupt hatte ich meine ganze Laufbahn sozusagen immer den richtigen Chef zur Hand, jeweils passend zu meiner persönlichen Entwicklungsphase. Als Student den Förderer und Mentor, dann den Spezialisten in fachlicher Hinsicht, dann den Spezialisten in persönlicher Führung, dann eine gute Kombination aus beiden Sphären. Das Stottern war für keinen Chef ein negativ besetztes Thema oder gar ein Problem, was auch für die Geschäftsleiterebene oberhalb meiner jeweiligen Chefs gilt. Hierfür bin ich sehr dankbar, denn dieser tolerante und selbstverständliche Umgang mit dem Stottern – den ich später in diesem Buch nochmals näher beleuchten will – war die Voraussetzung für meine berufliche und persönliche Entwicklung und damit ein wichtiger Baustein für mein heutiges Lebensgefühl.

Die unangenehmen Situationen blieben indes natürlich nicht aus, denn das Stottern war ja nach wie vor omnipräsent. Falls ein geplantes Telefongespräch anstand, suchte ich mir bevorzugt ein Besprechungszimmer dafür, damit ich wenigstens allein war und die Unsicherheitskomponente „Kollegen hören mit" eliminiert war. Das galt anfangs insbesondere für englische Telefongespräche. Mein damaliger Chef hatte Verständnis für mein Problem, aber dankenswerterweise hat ihn dies nicht zu einer Schonhaltung verführt, sprich natürlich musste ich tagtäglich telefonieren, englisch und deutsch. Natürlich wäre ich immer froh gewesen, er hätte mir das Telefongespräch abgenommen – aber wo hätte das denn hingeführt? Ein Mitarbeiter, der nicht telefonieren kann oder will, ist schlicht nicht einsatzfähig in diesem Beruf. Und immer wieder: da muss man wohl durch, auch wenn es teilweise schmerzhaft ist. Einer meiner Stottersupergaus geschah in einem Telefongespräch mit einer englischsprachigen Vorgesetzten meines Chefs. Ich sollte sie anrufen und einen bestimmen Sachverhalt zum Thema „potentielle Embargoauswirkungen" zu klären. Ich hatte mir mehrmals vorgenommen, jetzt den Anruf zu machen und habe es dann immer wieder aufgeschoben. Schließlich saß ich dann im extra organsierten Besprechungszimmer und musste also anrufen. Ich habe in dem ganzen Telefonat fast kein Wort richtig hervorgebracht, weder wer ich bin, noch wer mich gebeten hatte anzurufen, noch warum ich anrufe. Es würde mich erstaunen, falls die Dame überhaupt verstanden hatte, um welches Thema es konkret gegangen war. Die Schwere dieses Stottersupergaus war in der Tat neu für mich. Verglichen mit diesem Telefongespräch bin sogar ich selbst versucht, mich den Leugnern unter meinen Mitmenschen anzuschließen und zu sagen, dass ich in normalen Alltag doch eigentlich fast nicht stottere. Das was ich eben erlebt hatte, entsprach nicht meinem Stotteralltag. Mein erster Gedanke nach Beendigung des Gesprächs: „Oh mein Gott, was war das denn bitte?". Dann die Scham und die Vorstellung, was die Angerufene nun wohl denken mag – „Vollfreak" zum Beispiel – und wie sie reagieren wird. Ich weiß bis heute nicht, ob sie damals bei meinem Chef angerufen hatte, um den Verlauf des Telefonats zu besprechen. Sie wird ziemlich sicher angerufen haben, um den Sachverhalt an sich zu klären, denn den hat sie basierend auf meinen stümperhaften Ausführungen sicherlich nicht erfassen können.

Ich war inhaltlich gut vorbereitet und fachlich in der Lage, das Thema darzustellen, ich hatte mir ein extra Zimmer gesucht, und dennoch traf es mich hier und jetzt in voller Härte. Aus heutiger Sicht betrachtet war es der Druck, das Stottern zu verbergen, der die Anspannung vor dem Gespräch ins Unermessliche steigen ließ und zum Stottersupergau führte.

Gute und schlechte Phasen

Es scheint gute und schlechte Phasen zu geben, sprich Phasen, in denen das Stottern jeweils eher schwächer oder eher stärker auftritt. Diese Phasen dauern wochen- bis monatelang an. Ich habe lange versucht zu erforschen, was die ausschlaggebenden Faktoren sind, die solche Phasen auslösen und begünstigen, und mein Leben dann in gewissem Ausmaß danach ausgerichtet. Übermüdung und Alkoholgenuss galten mir lange als schlecht in Bezug auf das Stottern, sprich weniger Konzentrationsfähigkeit förderte gefühlt das Stottern. Also früher schlafen gehen und keinen Alkohol trinken. Irgendwann merkt man aber, dass die Phasen trotzdem kommen und gehen wie sie wollen, und dass der vermutete Zusammenhang mit Lebensgewohnheiten eher lockerer Natur ist. Also nicht gänzlich von der Hand zu weisen, aber auch kein Erfolgsgarant für weniger Stottern. Nehmen wir also mal an, ich bin derzeit in einer guten Phase (warum auch immer). Ich wache morgens auf und stottere auf einmal, völlig unvermittelt und unerwartet, als ich meiner Frau im Bad „Guten Morgen" sagen will. Ich frage mich dann unterbewusst und vollkommen automatisiert, wo das denn jetzt erstaunlicherweise her kam – und ob das vielleicht der Anfang einer schlechten Phase sein könnte. Manchmal wird es dann als zufälliger, einmaliger Vorfall abgelegt, manchmal festigt sich der Gedanke der beginnenden schlechten Phase, und schon ist man mittendrin in der Abwärtsspirale.

> Weil man ja jetzt in einer schlechten Phase ist, stottert man auch mehr. Weil man mehr stottert, ist es eine schlechte Phase. Wieder mal ein Teufelskreis. Um im Beispiel zu bleiben: falls an dem Tag nichts Besonderes ansteht, bestehen gute Chancen, dass der Vorfall als Einzelfall verbucht wird. Falls an diesem Tag ein Vortrag vor Publikum ansteht, wird eher die schlechte Phase eingeleitet, weil man dann automatisch daran denkt, wie man wohl den Vortrag überstehen soll, wenn man nicht mal seiner Frau „Guten Morgen" sagen kann. Und natürlich wird an Tagen, an denen ein Vortrag vor Publikum ansteht, auch tendenziell das Problem morgens im Bad eher auftauchen. Hatte ich das Konzept des Teufelskreises eigentlich schon erwähnt?

Einige Zeit später wurde ich für 3 Wochen nach Wien geschickt, um dort eine Prüfung der Innenrevision auf Seiten der geprüften Einheit zu unterstützen. Überhaupt kamen mehr kurze Auslandseinsätze hinzu und auch die Aufgaben wurden anspruchsvoller und, sagen wir mal, „wichtiger". Und das trotz des Stotterns. So langsam festigte sich also der Gedanke, dass ich trotzdem ernst genommen wurde und meinen Weg gehen kann, aufsteigen kann. Anfänglich überwog die Skepsis vor jeder Geschäftsreise, weil man ja vor Ort oft wieder bei Null anfängt, sprich keiner kennt Dich und Deinen Namen, und man ist vor Ort, um ein bestimmtes Thema anzusprechen. Den ganzen Tag also neue Leute kennenlernen und reden, reden, reden. Allmählich nahm aber das Interesse neue Leute kennenzulernen, neue Städte zu sehen und neue Themen anzugehen überhand, ich würde fast sagen, die Geschäftsreiserei machte irgendwann mehr Freude als Angst. Natürlich blieb das Stottern nicht aus und natürlich gab es Rückschläge. So sollte ich mit meinem Chef zusammen nach Italien, um dort die Kollegen einer neuen Zweigstelle zu schulen. Wir hatten die Themen und Schulungen unter uns aufgeteilt, und ich war guter Dinge, dass ich dieses Mal die Hürde nehmen würde, einen Vortrag zu halten, zumal auf Englisch (wobei schon deutsche Vorträge extrem problematisch für mich waren). Ich meinte, dass mein Chef erwarten würde, dass ich das kann, und das zu Recht. Je näher die Reise kam, desto nervöser wurde ich. Ich übte zu Hause den Vortrag Wort für Wort ein, alleine im Wohnzimmer, unter Einsatz sämtlicher Tricks wie Wippen, Betonen und Sing-Sang-Technik. Nach tagelangen Versuchen musste ich mir eingestehen, dass ich unmöglich diesen Vortrag halten konnte. Nicht mal alleine, ohne jeden Zuhörer! Ich musste also meinem Chef sagen, dass ich das nicht tun kann. Ich habe das rausgezögert bis zur letzten Minute, dann bin ich am Abend vor der Abreise in sein Zimmer und sagte, ich hätte das zu Hause geübt, aber letztlich würde ich mich durch mein Stottern nicht in der Lage fühlen, diesen Vortrag zu halten. Ich war auf vieles gefasst, aber nicht auf seine Reaktion: „Kein Problem, ich mach das, dann machst Du bitte die Besprechungen mit den Abteilungsleitern". So einfach kann es sein, wenn man offen über seine Ängste und Probleme spricht, vorausgesetzt natürlich man hat die richtige Person als Chef. Die Angst vor der Reaktion meines Umfelds war wieder mal unbegründet, doch im Gegensatz zu früher stellte sich langsam aber sicher ein gewisser Lerneffekt ein. Trotz alltäglicher Problemsituation und mancher gröberer Rückschläge entwickelte sich alles gut und ich arbeitete mich langsam aber sicher nach oben, wie man so schön sagt.

Erweckungserlebnis beim Logopäden

Meine Frau hatte mich immer schon immer im Umgang mit meinem Stottern bekräftigt und unterstützt. Das wichtigste, was sie in dieser Beziehung aber je getan hat, war mich zu überreden, mir Hilfe von einem Logopäden zu holen. Nach meinen eher schlechten Erfahrungen mit der Logopädie aus der Kindheit war ich etwas voreingenommen, wobei man sehen muss, dass meine schlechte Erinnerung rein auf Erzählungen basiert, denn wirklich erinnern kann ich mich an die logopädischen Aktivitäten aus dieser Zeit nicht mehr. Ich wusste aber, dass ich zwei bis drei Mal logopädische Therapien zumindest begonnen hatte, aber ganz offensichtlich noch immer stotterte. Zumal ich gelesen hatte, dass logopädische Ansätze im Kindheitsalter ein Stottern tatsächlich abstellen können, dies aber ab einem gewissen Alter nicht mehr oder nur sehr selten möglich wäre. Der Zug schien für mich also abgefahren. Erschwerend kam hinzu, dass ich nach wie vor mein Stotterleiden wider besseres Wissen leugnete. Möglichst wenige sollten es bemerken, keiner sollte mich darauf ansprechen, und wenn ich jetzt zum Logopäden ginge, dann musste ich ja darüber reden und zugeben, dass ich stotterte.

Schließlich rief ich also beim Logopäden an um einen Termin zu vereinbaren. Ja, richtig, ICH rief an, nicht etwa meine Frau. Sie hat es stets vermieden, für mich die unangenehmen Dinge wie Telefonate zu erledigen. Klingt fies, war und ist aber das einzig richtige Vorgehen. Es wäre ja geradezu fatal, wenn ich sozusagen eine Assistentin zur Hand hätte, die alles erledigt, was ich aus Angst vor dem Stottern nicht machen will. Da würde ich heute als Eremit eingekugelt in einer Scheinwelt leben, in der ich mit niemanden reden muss und kann.

Dieser Logopäde hat mir immens geholfen, wenn auch weniger über „klassische Techniken", wenn man sie so nennen will. Er hat mir schon solche Techniken aufgezeigt wie das Vokale dehnen oder die progressive Muskelentspannung nach Jacobsen, und teils schummele ich diese Dinge durchaus noch in meinen Alltag hinein. Interessant war auch die Erkenntnis, dass bei mir die Gesichtsmuskulatur, insbesondere die Stirn direkt mittig über der Nase, extrem verspannt war, wenn ich stotterte. Endlich konnte ich mein Stottern zumindest ein Stück weit körperlich lokalisieren und gezielt etwas dagegen tun, bildete ich mir zumindest ein – und schon allein der Glaube daran, dass es hilft, hilft schließlich. Ebenso interessant war die Erkenntnis, dass ich bei Vokalen, nicht bei Konsonanten hängen bleibe (ich habe hierüber bereits ausführlich geschrieben). Viel wichtiger war aber, dass der Logopäde eine sehr wichtige Frage gestellt hatte, die zu einer Art Erweckungserlebnis wurde: er fragte mich, was ich meinem Stottern positives abgewinnen könne, also welche Vorteile ich meiner Meinung nach in meinem Leben durch mein Stottern habe. Dieser Ansatz war bis dahin vollkommen undenkbar für mich, ein Ding der Unmöglichkeit, ebenso gut hätte man behaupten können, Wasser sei nicht nass oder die Erde drehe sich um den Mond. Positiv und Stottern, Vorteil und Stottern, das waren Assoziationen, die es in meiner Vorstellungskraft schlicht nicht gab, diese Begriffspaare waren nicht miteinander verbunden. Ich war knapp 30 Jahre alt und hatte über Jahrzehnte ein Problem gefühlt und mit der Zeit hassen und zu bekämpfen gelernt. Ich hatte auf die Frage spontan keine Antwort parat, und ich glaube, der Logopäde hätte das auch gar nicht erwartet. Dennoch spürte ich, dass hier ein wichtiger Denkprozess angestoßen wurde, der zu einem wichtigen Bestandteil meiner Bewältigungsstrategie wurde und damit starken Einfluss auf mein heutiges, positiveres Lebensgefühl hat. Hierauf, insbesondere über diese positiven Aspekte und auch wie ich vereinzelt auch heute noch die besagten klassischen Techniken anwende, will ich später noch näher eingehen.

Anfang 2005 war die Überarbeitung des Basler Eigenkapitalakkords, kurz als Basel II bekannt, das beherrschende bankenaufsichtsrechtliche Thema. Es war schnell klar, dass man hierfür eine Person in Vollzeit abstellen musste, um die Implementierung und das Projektteam zu leiten. In einem Anfall von Wahnsinn bot ich mich für diesen Posten an, und letztendlich bekam ich ihn auch. Im Nachhinein betrachtet war dies ein

Glücksfall, denn die folgenden drei Jahre zählen aus heutiger Sicht mit zu den lehrreichsten und spannendsten Berufsjahren. Nachdem ich den Posten zugesagt bekommen hatte, lag ich allerdings ein paar Nächte wach und fragte mich, wie ich mir das antun konnte und wie ich auf die Idee kommen konnte, den Anforderungen an die Stelle gewachsen zu sein, nicht nur aus Stotterersicht, sondern auch rein fachlich. Zum einen konnte ich zwar meine Stärken ausspielen und weiter ausbauen, sprich es gab viel zu analysieren, zu planen und zusammenzufassen. Das Themengebiet war ungemein komplex und musste in mehrere Teilprojekte strukturiert werden, die Sachverhalte mussten anschaulich dokumentiert und in einem regelmäßigen Berichtswesen für Adressaten unterschiedlicher Hierarchieebenen verdichtet werden. Soweit also alles gut. Doch das war natürlich nur ein Teil der Aufgabe, und hätte ich mir über den anderen Teil anfänglich ausführlicher Gedanken gemacht, hätte ich den Job wahrscheinlich nicht für mich in Erwägung gezogen. Manchmal ist es also gut, Ängste bewusst oder unbewusst auszublenden und mit einer gewissen Naivität an die Dinge heranzugehen. Die ganzen Sachverhalte waren nämlich nicht nur schriftlich zusammenzufassen, sondern auch verbal zu kommunizieren, und das exzessiv, persönlich und telefonisch, deutsch und englisch, vor allen Arten und Größen von Publikum. Man muss sich eben dem Risiko, also den angstbesetzen Stottersituationen, immer wieder aktiv aussetzen, wenn man weiterkommen will – das zieht sich wie ein roter Faden durch mein Leben, denn ohne die „widrigen" Entscheidungen für eine Ausbildung, für ein Studium und für diesen Job wäre ich nicht da gewesen, wo ich jetzt war. Überspitzt formuliert habe ich die folgenden drei Jahre also hauptberuflich geredet, habe täglich telefonisch oder vor Ort Besprechungen der verschiedenen Projektteams geleitet und Schulungen gegeben. Ich kann gar nicht mehr zählen, wie viele Vorträge ich in dieser Zeit und seitdem gehalten habe und vor wie vielen Personen – jedes Jahr hunderte von Personen, in Spitzenzeiten verteilt über bis zu 50 Vorträge, oft mehrere am Tag, teils kleinere Runden mit fünf bis zehn Personen um einen Tisch platziert, teils richtige Frontalveranstaltungen mit 40 oder 50 Zuschauern in Theaterbestuhlung, zwischen 30 Minuten und 3 Stunden lang, teils mit und teils ohne Mikrofon. Natürlich war das am Anfang dieser Phase nicht angenehm und nicht einfach, aber allein ein oder zwei erfolgreiche Vorträge mit entsprechend positiver Rückmeldung des Publikums nahmen mir sehr viel von meiner Unsicherheit, so dass sich recht schnell eine bis dahin ganz und gar undenkbare Entwicklung abzeichnete: es machte mir Spaß! Ich hatte ernsthaft Spaß daran, vor großen Menschenmengen zu reden. Anfänglich eher noch im Sitzen am Kopfende des Tischs. Dann wagte ich einmal aufzustehen, dann den ganzen Vortrag über zu stehen, dann umherzugehen, zum Bildschirm vorzugehen um auf gewisse Inhalte hinzuweisen, auf dem Flipchart zu zeichnen, Fragen vom Publikum einzubeziehen, Scherze zu machen. Man könnte auch sagen: in recht eloquenter und professioneller Weise einen Vortrag zu halten. Unglaublich, absolut unglaublich, und hätte mich jemand Jahre vorher gefragt, ob der tänzelnde Singsang-Freak aus der Fachhochschule mal tagein, tagaus vor 15 Leuten stehend stundenlange Fachvorträge halten wird, wäre die Antwort deutlich mit „nie im Leben" ausgefallen. Interessanterweise stelle ich mich am Anfang des Vortrages auch heute noch nicht mit Namen vor. Eineinhalb Stunden lang über die korrekte bankenaufsichtsrechtliche

Typisierung bestimmter Geschäftsaktivitäten zu reden ist kein Problem, aber den Vortrag anfangen mit „Mein Name ist Jochen Praefcke", da habe ich nach wie vor Hemmungen. Dafür stelle ich vorab sicher, dass alle sicher meinen Namen kennen: es steht auf der Titelseite der Präsentation, in der Einladung zur Schulung, auf den Tischvorlagen, einfach überall, so dass ja keiner fragen muss, wie ich denn eigentlich heiße. Bei allem Stolz auf meine Vortragstätigkeiten sind es solche Details, die einen verrückt und auch ratlos machen können.

Das klingt vielleicht insgesamt reibungsloser als es wirklich war. Sehr lange hatte ich zum Beispiel mehr Probleme mit englischen Vorträgen als mit deutschen, so dass ich englische Vorträge zu vermeiden suchte. Anfänglich war alles noch wortgenau vorbereitet und auf die Vermeidung von Stolpersteinen optimiert, nach und nach habe ich das dann gelassen und habe die Vorträge immer spontaner formuliert, was natürlich wesentlich weniger steif wirkt und damit zur Eloquenz und zum Unterhaltungswert beiträgt und damit auch mir selbst Spaß macht. Und natürlich habe ich bei all diesen Vorträgen gestottert, da brauche ich mir gar nichts vorzumachen. Das Stottern hielt sich aber für alle Beteiligten in erträglichem Rahmen, sowohl für die Zuhörer (hoffentlich) als auch für mich (mit Sicherheit).

Nach dem Abschluss des Basel II-Projekts übernahm ich die Leitung einer innerhalb der Compliance-Abteilung neu geschaffenen Funktion, die sich mit Neuerungen im Bankenaufsichtsrecht, der Kommunikation mit den Bankenaufsichtsbehörden sowie mit der Verbandsarbeit befasste. Hier lag die besondere Herausforderung bezogen auf das Stottern dabei, dass ich oft an Verbandssitzungen oder öffentlichen Anhörungen zu anstehenden Regulierungsänderungen teilnahm. Ich lernte also oft neue Menschen kennen, musste an Vorstellungsrunden teilnehmen oder mich im Gespräch selbst vorstellen, alles also eher unangenehm. Meiner neuen Leidenschaft bin ich weiter nachgegangen, in dem ich zum einen ab und zu interne Informationsveranstaltungen zu bankenaufsichtsrechtlichen Neuerungen angeboten habe, zum anderen aber auch, in dem ich eine unternehmensweite Schulungsinitiative des Compliance-Bereichs ins Leben rief. Im Endeffekt habe ich selbst 99 Prozent aller jemals im Rahmen dieser Initiative angebotenen Compliance-Schulungen gehalten. Das war zwar gar nicht so vorgesehen, weil die Kollegen auch mal herhalten sollten, aber ich war nicht böse darüber. Regelmäßige Schulungen anzubieten ist ja aus Unternehmenssicht schon eine gute Sache, doch meine Motive waren ehrlich gesagt mehr egoistischer Natur: ich wollte selbst vorne stehen und Vorträge halten. Es machte mir Freude, Wissen zu vermitteln und komplexe Sachverhalte möglichst verständlich zu erklären. Außerdem wollte ich die positive Energie des Augenblicks nicht verlieren, ich wollte in Übung bleiben. Um in alten Verhaltensmustern zu sprechen: ich wollte die gute Phase möglichst lang anhalten lassen, der nächsten schlechten Phase keinen Anlass geben anzufangen. Ein gut gelaufener Vortrag ist der beste Beweis, dass du in einer guten Phase bist. Meistens überkommt mich unmittelbar vor dem Vortrag dann doch eine gewisse Nervosität – die unterschwellige Angst vor dem nächsten Stottersupergau ist nicht final abzustellen, wenn auch stark unterdrückbar. Diese Supergaus kommen ja eben unvermittelt und unerwartet, warum also nicht heute bei genau diesem Vortrag?

Vor einiger Zeit bin ich nach London gereist, um eine Informationsveranstaltung zu geben, zwei identische Veranstaltungen am Vormittag und am Nachmittag, jeweils 45 Minuten lang. Großes Zimmer mit Rednerpult, Mikrofon, und großer Leinwand hinter mir. Vortragssprache Englisch. Der Vortrag wurde zudem per Audio-Konferenz nach Deutschland übertragen, keine Ahnung wie viele Leute sich da einwählten. Zur Vormittagsveranstaltung kamen vor Ort in London rund 40 Leute, darunter auch der Chef vom Chef meines Chefs (kein Tippfehler – manche Konzerne tendieren zu ausgeprägten hierarchischen Strukturen). Das ganze Szenario wäre sechs Jahre zuvor ein Grund für einen Nervenzusammenbruch gewesen, hoffentlich holt mich gleich ein Krankenwagen ab und erspart mir das. Vorgestellt habe ich mich nicht, aber ansonsten lief der Vortrag super, inklusive Beantwortung der Fragen vom Chef-Chef-Chef. Ich hatte ein paar nicht sonderlich auffällige Hänger, habe mich ein paar Mal dabei ertappt, wie ich was im Kopf umformuliert habe, um einen Stolperstein zu vermeiden, aber ansonsten souverän, würde ich meinen. Beste Voraussetzungen für die Nachmittagsveranstaltung also, einfach dieselbe Show nochmal durchziehen, und ich war in der Tat stolz auf meine Leistung am Vormittag. Wer oder was soll mich noch aufhalten? Ich habe gerade auf Englisch am Rednerpult mit Mikro und per Audio-Konferenz einen 45-minütigen Vortrag gehalten. Ich kann nicht sagen, wer oder was es war, aber ich wurde aufgehalten. Die Nachmittagsveranstaltung war wesentlich schlechter, ich habe viel mehr gestottert, musste ständig umformulieren, habe mich sogar spontan entschieden, einige weniger markante Inhalte schlicht zu unterschlagen, damit der Vortrag schneller vorübergeht. Nennen wir es einen Stottermittelgau.

Es ist mir unerklärlich, deshalb kann ich auch wenig gegen solche Situationen ausrichten. Diese Situationen kommen und gehen, wie sie wollen. Eben noch steht Dir die Welt offen, dann wirst Du ohne Vorwarnung wieder auf den Boden der Tatsachen zurückgeholt. Während diese Art der Erdung ja in anderem Zusammenhang grundsätzlich keine schlechte Sache ist, führt sie Dir hier gnadenlos vor Augen, dass Dein Stottern Dich Dein Leben lang begleiten wird. Selbst nach einer monatelangen guten Phase kann es Dich jederzeit treffen. Das muss nicht in Form eines verpatzten Vortrages geschehen, solche Situation könnte man ja noch bedingt steuern (in dem man z. B. keinen Vortrag hält). Einmal wollte ich zwei befreundeten Kollegen beim Mittagessen sagen, dass ich gestern in Augsburg war. Verdammt nochmal, ich war nicht in der Lage „Augsburg" zu sagen. Ich hing dermaßen am „Au" bzw. am „g", so was hatte ich bis dahin kaum erlebt. Ich musste wieder absetzen und nochmals mehrmals ansetzen. So muss sich das für jemanden, der im Gegensatz zu mir wirklich stark stottert, ständig anfühlen. Wo kam denn das bitte auf einmal her, mitten in einer ansonsten eigentlich ganz guten Phase? Unnötig zu erwähnen dass der Vorfall eine wochenlange schlechte Phase einleitete.

Interessanterweise dehnt sich meine Vortragsleidenschaft ganz und gar nicht auf meinen privaten Lebensbereich aus. Ich meide nach wie vor jede Gelegenheit, in privatem Umfeld eine Rede zu halten. Bei unserer Hochzeit hat meine Frau eine Ansprache gehalten, bei meinem 40. Geburtstag gab es einfach keine Rede oder offizielle Begrüßung. Wer mich als Trauzeuge nimmt, weiß, dass es keine Rede geben wird. Eine Fürbitte in der Kirche würde ich nicht vorlesen wollen. Wie im Exkurs über die Lebensbereiche erläutert, kann ich mir das nicht recht erklären. An meiner Geburtstagsfeier waren nur Menschen da, die mich seit Jahren kennen und die natürlich wissen, dass ich stottere. Trotzdem habe ich ein starkes Schamgefühl, vor diesen Menschen zu stottern – in der individuellen Unterhaltung weniger, aber vorne stehend, alle Augen und Ohren auf mich gerichtet schon, viel stärker als im geschäftlichen Umfeld.

Nach insgesamt zwölf Jahren im Risiko- und Compliance Management habe ich im Jahre 2014 in eine neu geschaffene Unterabteilung der Rechtsabteilung gewechselt, wo ich heute noch immer beschäftigt bin, einfach weil es an der Zeit war, etwas neues zu machen. Leider muss ich in meiner derzeitigen Funktion kaum noch Vorträge halten, was schade ist und was ich in der Tat vermisse. Ich habe allerdings keine Angst mehr, dass ich aus der Übung komme, sondern würde jeder Art von Vortrag verhältnismäßig ruhig entgegensehen. So richtig aus der Übung komme ich schon deshalb nicht, weil die neue Funktion mit unzähligen Besprechungen und Telefonkonferenzen einhergeht, bei denen ich als eine Art Moderator fungieren muss, was ja jedes Mal einer Art Vortrag in kleinerem Umfang entspricht.

Im Laufe des Jahres 2015 begann sich langsam aber sicher eine größere persönliche Krise zu manifestieren, die gegen Ende des Jahres und in das Folgejahr hinein zu einer knapp dreimonatigen Krankschreibung aufgrund einer akuten Belastungsreaktion führte. Neudeutsch würde man dies wohl als Burnout bezeichnen, aber ich bin kein Freund dieses Begriffs, weil er die Absurdität der modernen Leistungsgesellschaft widerspiegelt. Wenn ich unter einer Depression leide, dann schäme ich mich nicht, dies auch zu sagen – ich brauche nicht die Bewunderung der Öffentlichkeit dafür, dass ich mir diese Depression hart erarbeitet habe. Das Stottern war übrigens nicht ursächlich für diese Depression. Ja, es gibt tatsächlich so viel mehr im Leben als nur Stottern, Stottern, Stottern! Genau das war mir jahrzehntelang gar nicht klar. In der Tat habe ich seit einigen Jahren mehr oder weniger meinen Frieden mit meinem Stottern geschlossen, hauptsächlich bedingt durch die treuen Freunde, die Erfolge im Beruf, die erfolgreiche Vortragstätigkeit, das Gefühl, all dies trotz des Stotterns geschafft zu haben. Ich will diese Krisensituation nicht weiter vertiefen, weil ich eigentlich über das Stottern schreiben will, nicht über Depressionen. Ich frage mich zum Beispiel manchmal, ob mein Stottern wieder prominenter in den Vordergrund rücken und wieder mehr die Kontrolle über mein Leben ausüben würde, wenn nun dauerhaft der berufliche Erfolg, wie er bisher definiert war, ausbleiben würde. Würde meine Selbstsicherheit unter dem Verlust von Einkommen, Firmenwagen und Titel leiden, so dass ich wieder mehr stottere? Was passiert, wenn ich keines der sogenannten „Statussymbole" mehr vorweisen kann, die ich mir trotz meines Stotterns erarbeitet habe? Manchmal kreisen die Gedanken halt doch immer noch ums Stottern, Stottern, Stottern.

Derzeit jedenfalls bin ich in einer relativ guten Phase, die seit Jahren anhält. Ich stottere natürlich nach wie vor, ich habe nach wie vor unterschwellige Angst vor dem nächsten Stottersupergau, und ich ertappe mich ab und zu beim Cappuccino anstatt Milchkaffee trinken. Und bin nach wie vor aufgeregt, wenn ich mich mit Namen vorstellen muss. Und natürlich kommen selbst heutzutage noch Stottersupergaus vor, erst relativ kürzlich beim Bestellen im „Subway". Läden in denen man gefühlt 20 Einzelentscheidungen treffen muss, um an so komplizierte Dinge wie ein Sandwich zu kommen, sind mir ohnehin suspekt und bedeuten zudem Schwerstarbeit für mich. Ich wollte jedenfalls für die ganze Familie bestellen, und der Laden war voll von Leuten, was ja auch mit einem gewissen Lärmpegel einhergeht. Man musste die Bestellung also eher brüllen als sagen, und dann ging's los. Die Sandwiches für die Kinder und mich gingen gerade noch so, aber meine Frau wollte einen Wrap – sehr schwierig zu sagen für mich. Ich hing also sehr stark beim „Wr" bzw. beim „ä" danach", und als ich es endlich gesagt hatte kam die unvermeidliche Nachfrage: „Häh?". Und nochmal. Und nochmal ein „Häh?", und nochmal und nochmal. Wenn ich nicht gerade allzu deutlich gespürt hätte, dass ich stottere, hätte ich gerne gesagt: „Verdammte Scheiße nochmal, wie viele Artikel haben sie denn im Sortiment, die auf „… ääp" enden? Verkauft Ihr hier etwa Caps? Oder Apps für Smartphones? Oder könnte man sich eventuell sogar denken, dass der putzige Kerl mit dem Sprachfehler hier „Wrap" meint, wenn er „…ääp" sagt?". Meine Frau hat dann übrigens ein Sandwich bekommen und meinte: „Hey, ich hab doch gesagt, dass ich einen Wrap will!". Ja danke, das hätte sie besser mal der freundlichen Dame an der Theke anstatt mir gesagt.

Eine solche Begriffsstutzigkeit ist auch bezüglich meines Vornamens recht verbreitet. Sehr viele Menschen fragen nochmals nach, wenn ich mich mit „J…ochen" vorstelle. Ich frage mich, wie viele verschiedene Vornamen die kennen, die auf „ochen" enden und zudem in unserem Sonnensystem auch tatsächlich vorkommen. Vor kurzem wurde aber selbst dieses jahrelange Mysterium aufgelöst! Ich bin in einen „Starbucks"-Laden gegangen, ganz entgegen meiner Abneigung, 20 Einzelentscheidungen zur Bestellung eines Heißgetränkes treffen zu wollen. Und siehe da, der Bestellvorgang lief unerwartet einfach ab: nur vier Entscheidungen. Milchkaffee (ich war mutig an dem Tag), Größe „tall" (was absurderweise nicht etwa „groß" bedeutet, sondern vielmehr die mittlere von drei Varianten ist), zum Mitnehmen, und nein, nicht die extra Ökobohnenröstung für 30 Cent mehr. Und dann schlug das Schicksal vollkommen unerwartet zu. Der Herr hinter der Theke zückte einen dicken schwarzen Stift und sagte (wirklich, ich schwöre es): „Deinen Vornamen, bitte!". Wenn ich nicht stottern würde hätte ich gefragt, ob er das wegen des Vertragswerks zur Absicherung meiner Garantieansprüche braucht. Vor lauter Verblüffung bin ich aber gar nicht auf die Idee gekommen, einfach „Peter" zu sagen oder wahlweise einfach laut loszulachen und ohne Milchkaffe zu gehen. Ich sagte also meinen wirklichen Vornamen, nicht nur einmal, sondern wie gewohnt dreimal. Dann bin ich ans andere der Theke gegangen, um den Milchkaffee entgegenzunehmen. Bevor ich dran war rief der Barista noch „Der Latte regular mit Ökoröstung und laktosefreier Milch für Francesca, bitte". Dann schaute er auf meinen Becher, wollte ansetzen, stutzte dann aber ob des ungewöhnlichen Namens und übergab den "Milchkaffe tall ohne Ökoröstung" stilschweigend dem jungen Mann namens „Hofen". Endlich weiß ich das also! In Zukunft sage ich beim Vorstellen einfach „(J)... ochen, nicht Hofen". Dann müsste eigentlich alles klar sein.

Aber warum ist denn das alles überhaupt eine gute Phase? Weil ich im Großen und Ganzen meinen Frieden mit der Situation geschlossen habe, die ich nicht ändern kann. Und ganz ehrlich, auch weil ich zwischenzeitlich herzlich über die absurden Alltagssituationen lachen kann, die mir das Stottern so bietet. Natürlich ärgere ich mich noch übers Stottern, manchmal mehr und manchmal weniger, aber insgesamt ist mein Lebensgefühl unglaublich viel positiver und deutlich weniger „stottergesteuert" als noch vor fünf Jahren. Ich habe meine persönliche Bewältigungsstrategie gefunden.

KAPITEL 3

DIE BEWÄLTIGUNGSSTRATEGIE

Ich hatte ja bereits angedeutet, dass ich den klassischen (Ablenkungs-)Techniken, wie ich sie hier mal recht unprofessionell verallgemeinern will, eher skeptisch gegenüberstehe. Nicht etwa weil sie nicht helfen würden, sondern weil viele davon das Hauptproblem für mich nicht ausreichend in Betracht ziehen. Ich wollte ein positiveres Lebensgefühl und weniger vom Stottern kontrolliert werden. Das Damoklesschwert musste weg, das war das Hauptziel. Ich will jetzt und hier aber erst mal ein paar Dinge klarstellen: erlaubt ist was hilft, und jeder, der stottert, egal welchen Alters, sollte sich unbedingt Hilfe von einem Logopäden holen. Die klassischen Ablenkungstechniken helfen nämlich sehr wohl, bestimmte Problemsituation zu meistern, und auch ich schummle recht oft noch etwas davon rein und will und muss mich da gegenüber niemandem rechtfertigen. Und wäre ich mit 28 Jahren nicht zum Logopäden gegangen, wäre ich mit der Bewältigung meines Problems nicht da, wo ich heute bin. Der Startschuss erfolgte über klassische Techniken, beim Logopäden erlernt. In meinem Fall hat sich durch die hierdurch angestoßene, intensive Auseinandersetzung mit meinem Stottern und meinem Lebensgefühl eine ganz persönliche Bewältigungsstrategie ergeben, über die ich im Folgenden schreiben will.

Ich stottere – und jeder merkt es

Es mag banal klingen, aber die absolut und unumstößlich wichtigste Komponente, um mein Lebensgefühl zu verbessern, war mir einzugestehen: *„ICH STOTTERE, UND ABSOLUT JEDER MERKT ES"*. Punkt. Da gibt es nichts zu diskutieren, zu relativieren, abzuwägen und schon gar nicht zu leugnen. Das ist so sicher wie dass die Erde eine Kugel ist. Da mögen noch so viele Menschen sagen: „Aber Jochen, Du stotterst doch eigentlich gar nicht" oder „Was, Du stotterst? War mir gar nicht so richtig aufgefallen". Schwachsinn, wie blöd sehe ich denn bitte aus? Zugegeben, ich stotterte schon immer relativ leicht, ansonsten wäre ich wohl kaum auf die Idee gekommen, ich könne es verbergen, wenn ich mich nur genügend anstrengte. Ich frage mich, ob es vielleicht besser für mich gewesen wäre, wenn ich einen Tick stärker gestottert hätte, dann hätte ich den ganzen Druck es zu verbergen eventuell umgangen. Ach ja, das sind ja die Gedankenspiele, die keinen weiterbringen.

Also, jeder Mensch merkt es, sei er blind oder gehörlos, selbst Stotterer oder auch nicht. Der Anteil der Menschheit, der es nicht auf jeden Fall und unmittelbar bemerkt (blind und gehörlos zum Beispiel), ist verschwindend gering und kann zumindest für meinen Alltag vernachlässigt werden. Wahrscheinlich merken es sogar Tiere von hinreichender Intelligenz, sie mögen nicht wissen was Stottern ist, aber sie merken, dass was anders ist als bei den vielen anderen Menschen, die sie sonst so sehen. Es gibt da bezeichnenderweise ein Lied von Gogol Bordello, in dem der Protagonist seinem Papagei das Stottern beigebracht hat und dann das Gerede seines Papageis nachplappert [1]. Das ist in dem Lied sinnbildlich gemeint und hat mit dem Stottern eigentlich gar nichts zu tun. Es geht vielmehr darum, dass man selbst für die Gestaltung seines Lebens verantwortlich ist – was dann speziell in meinem Fall doch wieder sehr viel mit dem Stottern zu tun hat. Also, können wir uns hier und jetzt bitte darauf einigen, dass *ICH STOTTERE* und dass es *ABSOLUT JEDER MERKT*, ganz egal was ich versuche, um es zu verbergen?

Der springende Punkt meiner überspitzten Darstellung ist doch der: wenn nun wirklich *ABSOLUT JEDER* merkt, dass ich stottere, ganz egal was ich versuche, um es zu verbergen, dann lass ich es doch einfacher gleich sein, es überhaupt zu verbergen. Das zu versuchen ist nämlich vollkommen zwecklos und zum Scheitern verurteilt. Wie will ich verbergen, dass ich stottere, wenn ich meinen Namen nicht flüssig sagen kann und wenn ich keine zwei Brezeln klar verständlich bestellen kann? Natürlich gibt es eine sehr effektive Methode es zu verbergen, nämlich gar nicht mehr zu sprechen und sich damit komplett aus dem sozialen Leben herauszunehmen. Das ist aber keine Option und auch keine Bewältigungsstrategie, weil sie jedenfalls für mich nicht zu einem besseren Lebensgefühl beitragen würde. Ein Mönch, der ein Schweigegelübde abgelegt hat, mag das anders sehen, aber das ist nicht jedermanns Sache. Ich kann absolut nachvollziehen, dass jemand so seinen Frieden finden kann, aber ich persönlich fände es für mich selbst nicht optimal,

---

[1] *Gogol Bordello, „It's the way you name your ship"*

wenn dieser Lebensweg aus einer Angst vor dem Stottern resultieren würde.

Als Resultat der Einsicht, dass es jeder merkt und dass ich jegliche Versuche es zu verbergen einstellen kann, fiel ein ungemeiner Druck von mir ab. Ich konnte diesen Druck bisher nicht greifen, nicht benennen, er war einfach jahrzehntelang da. Dieser Druck prägte im überwiegenden Teil meines bisherigen Lebens mein Lebensgefühl, das – unnötig zu erwähnen – negativer und ängstlicher Natur war. Ich war überhaupt nicht depressiv oder fortwährend traurig, die Angst war eher unterschwelliger Natur in Form einer stetigen Hab-Acht-Stellung vor der nächsten potentiellen Stottersituation, immer mit dem Gedanken verbunden, wie ich sie vermeiden könnte, so dass niemand merkt, dass ich stottere. Daher rührte auch ein Großteil der Angst, die mit dem Kennenlernen neuer Menschen zusammenhing – sei es auf einer Party, auf der Straße, oder durch einen neuen Lebensabschnitt wie Ausbildung, Zivildienst oder Studium. Jedes Mal witterte ich die unbedingte Chance, mich dieses Mal als der nicht stotternde Jochen zu präsentieren und mich auch dauerhaft im neuen Umfeld etablieren zu können.

„Ich stottere" war jahrzehntelang der Gedanke, mit dem ich aufwachte. Und einschlief. Und immer verbunden mit der Planung der heute bzw. morgen anstehenden Problemsituationen. Fatalerweise hörte dieser tägliche Gedanke auf halbem Wege auf, bevor der ausschlaggebende Punkt kam – nämlich dass es jeder merkt. Diese kleine Ergänzung ergibt eine Welt voller Unterschiede. Heute wache ich übrigens nicht mehr automatisch mit diesem Gedanken auf, weder mit dem fatal verkürzten, noch mit dem hilfreichen, fertig formuliertem Gedanken. Durch die Einsicht hat sich insgesamt eine Gelassenheit eingestellt, die letztlich dazu führte, dass ich diese tägliche Erinnerung und die Tagesplanung nicht mehr brauche. Manchmal wache ich damit auf, aber meistens nicht mehr. Zur Zeit natürlich wieder öfter, weil ich dieses Buch schreibe, aber das sind tendenziell positive Gedanken im Zusammenhang mit dem Stottern, denn ich freue mich, endlich dieses Buch zu schreiben. Ein solches Konzept überhaupt zuzulassen – dem Handicap positive Aspekte abzugewinnen – halte ich für einen weiteren wichtigen Schritt einer erfolgreichen Bewältigungsstrategie.

Neue Perspektiven

Es traf mich vollkommen unvorbereitet, als mich mein Logopäde fragte: „Was hatten Sie im Leben für Vorteile durch Ihr Stottern"? Wie bitte? Was hat der denn bitte geraucht? Soll ich jetzt aufstehen und gehen, weil der mich nicht ernst nimmt? Ich war damals 28 Jahre alt und hatte mein Leben lang gelitten unter meinem Stottern, dagegen angekämpft. Den Gedanken, dem Stottern positiv gegenüber zu stehen, empfand ich bis dahin als absolut absurd. Nachdem ich die mentalen Barrieren in mir abgebaut hatte sind mir nach und nach tatsächlich einige Dinge eingefallen oder besser gesagt aufgefallen.

Ich behaupte mal, dass ich eine überdurchschnittlich entwickelte Fähigkeit habe, komplexe Sachverhalte zu analysieren und verständlich und in sich konsistent schriftlich zu dokumentieren. Eine Kollegin aus der IT-Abteilung hatte mir mal gesagt, dass ich der einzige Kollege wäre, der ein Pflichtenheft so schreiben kann, dass die IT-Abteilung die Geschäftszusammenhänge versteht und weiß, was zu programmieren ist. Da hat sie wohl charmant übertrieben, aber die Tendenz für meine Talentlage wird deutlich. Überhaupt liegt mir das Schriftliche sehr, ich höre öfters mal, dass meine E-Mails vom Aufbau her übersichtlich, gut zu lesen und „auf den Punkt" sind und dass meine Geschäftsbriefe sprachlich tadellos seien, sowohl auf Deutsch als auch Englisch. Obwohl ich wirklich für jede Art der konstruktiven Kritik empfänglich bin, ergibt die obligatorische 4-Augen-Prüfung meist keine formelle oder inhaltliche Änderung erheblichen Ausmaßes. Man könnte also sagen, dass mir ein gewisser Perfektionismus und ein Arbeitsethos eigen sind, ich will keinen Mist abliefern. Hat sich das alles zufällig in mir entwickelt, parallel und unabhängig von meinem Stottern? Nein, definitiv nicht. Es ist doch geradezu logisch, sich bei Sprechproblemen auf die schriftliche Kommunikation zu verlegen, sich dort zu profilieren versuchen und auszutoben, wo es diese Beschränkung, dieses Handicap, nicht gibt. Ich vergleiche das gerne mit Menschen, die erblinden und als Folge dessen einen überdurchschnittlich guten Gehörsinn entwickeln. Was passiert denn, wenn ich Mist abliefere, wenn mein Arbeitsergebnis nicht gewissen Qualitätsstandards genügt? Dann muss ich nacharbeiten, sicher. Aber dann muss ich mich auch rechtfertigen, womöglich verbal, muss diskutieren, telefonieren – reden, reden, reden. Mein Arbeitsethos beugt dem vor. Mein Arbeitsethos sorgt aber auch dafür, dass ich trotz meines Stotterns ernst genommen werde. Meine analytischen Fähigkeiten ermöglichen es mir, mir spezifisches Fachwissen anzueignen, mein Perfektionismus sorgt dafür, dass ich es wirklich verstehen will. All das, um mein Stottern in den Hintergrund zu rücken, um mit Inhalt zu punkten, um sicherzustellen, dass mir die Leute zuhören wollen, auch wenn's nicht flutscht – weil sie der Inhalt interessiert und weil sie die Expertise brauchen. Es ist aber überhaupt nicht so, dass ich beim Arbeiten ständig daran denke, jetzt bloß keinen Fehler zu machen, damit ich einer potentiellen Stottersituation aus dem Weg gehen kann. Es ist vielmehr so, dass dieser Perfektionismus und dieses Arbeitsethos über Jahre hinweg zu einem Teil meiner Persönlichkeit geworden sind. Der Vollständigkeit halber sei erwähnt, dass ein in mancher Hinsicht übertriebener Perfektionismus auch hinderlich sein kann. Meine Depression als Folge der akuten Belastungsreaktion war wahrscheinlich in Teilen auch durch diesen Hang zum Perfektionismus getrieben. Das will ich hier nicht weiter vertiefen, denn dies ist ein Buch übers Stottern.

Das Gedankenspiel endet nicht im Berufsleben. Ich habe eine ausgeprägte Musikleidenschaft, sowohl aktiv als Gitarrist als auch passiv als Musikhörer – teils sehr zum Leidwesen meiner Frau, da ich eine Vorliebe für den Hard Rock- und Heavy Metal der 1960er und 1970er Jahre pflege. Meine Plattensammlung ist mein Rückzugsort, zum Entspannen lege ich eine Platte auf oder spiele Gitarre. Ich kann auch einfach nur Musikhören, also nichts nebenher tun, nicht lesen, nicht aufräumen (ebenso zum Leidwesen meiner Frau). Stundenlanges zusammenstellen von Liedern, von LP auf CD überspielt. Wenn man nun bedenkt, dass die große Musikleidenschaft im Alter von 12 oder 13 Jahren angefangen hat, wird ein Zusammenhang klar. Ich war ja mittendrin im negativen Lebensgefühl, das mit dem Stottern einherging, also suchte ich mir ein Refugium, wo ich eben nicht reden, sondern nur zuhören musste. Stundenlang keinen Ton sagen, geradezu paradiesisch. Beim Lesen hätte ich bei jedem Satz im Hinterkopf das Programm abgespult, ob ich das so auch hätte laut vorlesen können. Musikhören war dagegen Entspannung pur, von den englischen Texten habe ich damals noch kein Wort verstanden. Heute weiß ich, dass das auch besser so ist, gerade bei den erwähnten Musikrichtungen. Erst Jahre später habe ich übrigens bemerkt, dass ich überhaupt nicht stottere, wen ich selbst singe. Ich denke nicht mal daran, dass ich stottern könnte, wenn ich dasitze, Gitarre spiele und dazu singe. Darauf will ich später noch näher eingehen.

Ich bin auch ein penibler Planer und Organisator, zum Beispiel bei unserer Hochzeitsfeier oder anlässlich meines 40. Geburtstages oder dem meiner Frau. Da wird halt einfach alles durchgeplant: Getränkemengen, Essensmengen, die ganze „Logistik", sogar die Musik ist minutiös durchgeplant und fertig auf CD gebrannt oder als Playlist im PC drin – sehr zur Belustigung einiger Freunde übrigens, die eher drei Tage vorher sagen, „Du, am Donnerstag feiere ich meinen Geburtstag, kommt halt mal vorbei, mal schauen, was wir da so machen". Finde ich genauso gut, ist aber halt nicht mein Ding. Vordergründig betrachtet macht mir das einfach einen Riesenspaß, so was gut zu organisieren, an möglichst alles zu denken, und dann auch zu sehen, dass alles glatt läuft, so dass sich die Mühe gelohnt hat. Genauer betrachtet sind das sicherlich der im Berufsleben praktizierte Perfektionismus und das Arbeitsethos, die hier ins Privatleben überschwappen, also letztlich entstanden aus derselben Not, unerwartete Situation und Schwierigkeiten möglichst zu vermeiden.

Das ist also schon mal eine ganze Stange grundsätzlich guter und erstrebenswerter Eigenschaften, meine ich. Ich will gar nicht sagen, dass ich diese Eigenschaften nur habe, weil ich stottere und dass ich sie gar nicht hätte, wenn ich nicht stottern würde. Aber die Ausprägung, in der diese Eigenschaften heute vorliegen, sehe ich in meinem Stottern bedingt. Ich hoffe, dass macht deutlich, warum ich diese eine Frage meines Logopäden nach den Vorteilen meines Stotterns im ersten Teil meines Buches etwas pathetisch als „Erweckungserlebnis" bezeichnet hatte. Diese Überlegungen haben in mir wichtige Weichen für die Bildung eines gesunden Selbstvertrauens gestellt.

Als Nebenprodukt dieser Überlegungen ergibt sich auch, dass man sich über Aspekte der eigenen Persönlichkeit bewusst wird, die rein gar nichts mit dem Stottern zu tun haben. Wenn das Stottern, der Gedanke ans Stottern, die Angst vor dem Stottern die Kontrolle über das Leben übernommen hat, dann ist man schnell im Modus „Das Stottern ist an allem schuld". Ich bin unbeliebt, ich wurde nicht zur Geburtstagsfeier eingeladen, ich wurde nicht gefragt, ob ich mit ins Schwimmbad will, ich werde aus dieser oder jenen Gruppe ausgeschlossen. Klarer Fall, alles nur, weil ich stottere. In Wahrheit bin ich aber einfach ein Idiot, mein Deo versagt regelmäßig oder ich sollte weniger schnippisch zu meinen Mitschülern sein. Hallo, die Welt – nicht mal die eigene – dreht sich wirklich nur um mein Stottern! Andere kümmern sich vielleicht einen Dreck um mein Stottern, die haben nämlich eigene Probleme. Man macht es sich da auch gerne bequem und schiebt zum Beispiel eine Absage nach einem Vorstellungsgespräch automatisch auf das Stottern, denn warum sonst sollte man abgelehnt werden. Wie offen einem doch die Welt stehen würde, wenn man nur nicht stottern würde … . Vielleicht war dem Gegenüber das Stottern aber total egal und ich habe inhaltlich nicht überzeugt. Überhaupt habe ich selbst lange Zeit meine Person viel zu sehr über das Stottern definiert. Es war so allgegenwärtig und selbstverständlich, dass ich automatisch annahm, dass auch andere Menschen dies zwangsläufig so sehen werden, sprich dass „Stotterer" das erste ist, was ihnen zu mir in den Sinn kommt. Das ist meiner heutigen Erfahrung nach aber gar nicht der Fall. Und lege ich bestimmte Verhaltensweisen wirklich nur an den Tag, weil ich stottere? Vielleicht gehe ich am Vorabend eines wichtigen Geschäftstermins ja auch früher ins Bett und trinke keinen Alkohol, weil das jeder vernünftige Mensch auch so machen würde, um fit zu sein und um einen guten Eindruck zu machen – und nicht nur weil ich einen Zusammenhang zwischen Übermüdung, Alkohol und der Schwere meines Stotterns vermute. Nein, es gibt wirklich so viel mehr Aspekte im Leben als nur Stottern, Stottern, Stottern.

Ebenso interessant kann die Frage sein: habe ich dieses oder jenes Problem nur weil ich stottere, oder hätte ich das sonst auch? Haben Nicht-Stotterer das Problem auch? So habe ich zum Beispiel die Erfahrung gemacht, dass sehr viele Menschen ungern Vorträge halten, obwohl sie allesamt keinen Sprachfehler haben. Diese Menschen haben einfach Lampenfieber, wollen nicht vorne stehen, nicht exponiert sein, würden dann tatsächlich hilflos rumstottern, wie man so schön sagt. Das ist nun etwas, was ich lange nicht verstanden habe – wenn man doch keinen Sprachfehler hat, wo um alles in der Welt soll das Problem damit sein, einen Vortrag zu halten? Dabei sollte ich diese Ängste wohl genauso ernst nehmen, wie ich will, dass meine mit dem Stottern verbundenen Ängste ernst genommen werden. Mein Vorteil ist aber, dass mir diese Ängste fremd sind. Ich bin aufgeregt wegen des Stotterns, und nur wegen des Stotterns, und nicht wegen der Menschenmenge, nicht wegen des vorzutragenden Inhalts. Ähnlich verhält es sich im Umgang mit „Obrigkeiten", wenn man das so sagen will. Ich kenne Menschen, die vor Aufregung keinen Ton rauskriegen, wenn ein Kollege mit entsprechend hohem Rang und Titel in der Besprechung dabei ist. Man könne sich ja total blamieren, wenn man da mal kurz nicht aufpasst und was Sinnloses von sich gibt. Auch diese Angst ist mir fremd, denn ich habe halt eher Angst, dass ich das, was ich sagen will nicht souverän rüberbringen werde, weil ich stottern werde. Und wenn sich mein Beitrag dann als sinnlos herausgestellt hat, dann kann ich das auch zugeben und ertragen. Offenbar ergibt sich aus meiner Fokussierung auf das Stotterproblem indirekt eine gewisse Nonchalance gegenüber anderen Ängsten und damit absurderweise auch ein Stück Selbstvertrauen und Selbstsicherheit.

Selbstvertrauen und Selbstsicherheit

Wenn man über die positiven Aspekte des Stotterns nachdenkt, identifiziert man automatisch seine Stärken. Das hat nichts mit Angeberei zu tun, sondern ist eine nüchterne Bestandsaufnahme. Von allzu viel Nüchternheit würde ich allerdings abraten. Man muss ja nicht gleich in den Vorstellungsgesprächsmodus schalten, in dem man sowieso alles perfekt kann, was verlangt wird und mit 22 Jahren schon 25 Jahre Berufserfahrung vorweisen kann. Aber wann hat man sich denn das letzte Mal eingestanden, dass man etwas – was auch immer – richtig gut kann? Nicht einigermaßen, nicht halbwegs, sondern einfach gut. Ich habe zum Beispiel Jahre lang auf die Frage hin ob ich Gitarre spiele gesagt: „Na ja, ein paar Akkorde kann ich, aber richtig können wäre anders". Heute sage ich: „Ja, kann ich". Unter uns gesagt, so richtig können ist natürlich immer noch anders, aber diejenigen die es so richtig können, die machen halt auch ihr liebes langes Leben nichts anderes als Gitarre spielen. Mir fällt es auch heute nicht mehr schwer, wie vorhin geschehen klipp und klar aufzuzählen, wo ich meine Stärken sehe. Und wo ich meine Schwächen sehe gleich gar nicht: Ironischerweise bin ich bei aller Musikleidenschaft nicht sonderlich musikalisch. Harmonielehre ist und bleibt mir ein Rätsel, nach Gehör die Gitarre stimmen geht gar nicht. Das ist mir aber egal, weil es Stimmgeräte gibt und weil mir das, was ich spielen kann Spaß macht, auch wenn es mir nicht zufliegt, sondern mehr das Ergebnis von unzähligem Wiederholen und Üben ist. Vor Jahren hätte ich noch deutlich mehr gehadert, hätte gesagt, „man könne vielleicht meinen, dass ich potentiell im analytischen Bereich gar nicht mal so schlecht sein könnte".

Bescheidenheit ist eine Tugend, und Angeberei ist mir zuwider. Aber übertriebene Bescheidenheit und immer das eigene Licht unter den Scheffel stellen hilft nichts und hat auch schlechte Folgen für die Außenwirkung. Selbstsicheres Auftreten hilft, die Hemmungen öffentlich zu reden zu überwinden, und jedes Mal, wenn diese Hemmungen überwunden wurden, steigt die Selbstsicherheit. Wieder eine Spirale, aber dieses Mal aufwärts. Das könnte man in der Tat alles als Binsenweisheiten und billige Küchentischpsychologie abtun, aber mir hilft es und was hilft, ist erlaubt. Zugegebenermaßen klingt das viel einfacher als es in der Umsetzung tatsächlich ist. Am Anfang stehen ja erstmal die Angst und die Scham, und eine der unbequemen Wahrheiten an der ganzen Sache ist, dass man diese Angst mindestens einmal überwinden muss, also volles Risiko eingehen muss. Ich sehe keine andere Möglichkeit, den Prozess zu starten.

Die Stuntman-Methode

Ich habe die Erfahrung gemacht, dass man sich dem Risiko zu Stottern immer und immer wieder mit voller Absicht aussetzen muss, wenn man weiterkommen will, etwas erleben will und ein „normales" soziales Leben trotz Stottern führen will. Naturgemäß ist aller Anfang schwer, und man sollte nicht damit rechnen, dass es gleich auf Anhieb klappt. Aber schon allein die Gewissheit, dass man es nun einmal versucht hat (und dass keiner wirklich zu Schaden gekommen ist) hilft dabei, das nächste und übernächste Mal anzugehen. Im Englischen gibt es die Redewendung „to throw yourself into the fire". Das dürfte auf Deutsch wohl sinngemäß der „Feuertaufe" oder im erweiterten Sinne auch dem „Sprung ins kalte Wasser" entsprechen. Die englische Redewendung trifft mein Gefühlsleben jedoch am ehesten, denn was kann mir kaltes Wasser verglichen mit einem Feuer schon antun. Du stehst da, jeder erwartet, dass du was sagst, du kannst nicht, du weißt, dass du musst, die Panik nimmt überhand, dann geht es erst recht nicht mehr, du fragst dich, warum hast du dir das angetan und warum tut sich kein Loch im Erdboden auf, in dem du versinken kannst. Und du selbst hast entschieden, dich in diese Situation zu bringen. Du selbst hast dich in dieses lodernde Feuer geworfen.

Oder umgekehrt formuliert: Die größte Falle, in die man treten kann, ist es, alle potentiellen Stottersituationen dauerhaft zu meiden. Alles Vermeidliche entfällt dann ersatzlos und alles Unvermeidliche lässt man sich von Menschen im Umfeld abnehmen. Man geht auf keine Partys mehr, in keine Kneipen, spricht möglichst wenig, wenn man doch mal wo hingeht. Wichtige Telefonate oder Einkäufe an der Bedientheke werden an den Partner delegiert. „Kannst du das eben mal schnell für mich erledigen?". Solche Hilfestellungen können im Einzelfall und in spezifischen Situationen wichtig und richtig sein. Wenn der Notarzt gerufen werden muss und der Stotterer nicht verständlich machen kann, was passiert ist und wohin der Notarzt kommen soll, darf eingegriffen werden. Meiner eigenen Erfahrung nach reicht da aber der Adrenalinstoß vollkommen aus – ich war vor fünf Jahren erstaunlich gut in der Lage, den Notarzt für meinen Sohn zu rufen oder die Polizei zu alarmieren, als eines Tages auf dem belebten Weihnachtsmarkt meine Tochter von einer Sekunde auf die andere wie vom Erdboden verschluckt schien. Ich war aufgeregt, auch aber nicht nur wegen des Stotterns, aber es musste sein, also funktionierte es. Aber die Stuntman-Methode sollte bitte nicht so missverstanden werden, dass man sich bzw. andere in wirkliche Gefahren bringen soll, um den Adrenalinausstoß in ungeahnte Höhen zu treiben.

Eine geplante schrittweise Eingewöhnung in die Risikosituationen, sprich unterstützt durch immer weniger Delegierung an andere, kann unter Umständen helfen. Aber ehrlich: das empfehle ich nicht. Für mich selbst hat nur das Hauruck-Verfahren funktioniert. Es schlichen sich bei sanfteren Versuchen recht schnell wieder die alten Verhaltensmuster ein, je nach Tagesform und ob man sich derzeit in einer guten oder schlechten Phase sieht. „Heute morgen im Bad hing ich schon beim Guten Morgen sagen, dann sollte heute am Nachmittag doch ausnahmsweise nochmal meine Frau das Telefonat mit dem Amt erledigen. Ist einfach kein so ein guter Tag für sowas heute. Aber nur heute, weil normalerweise würde ich das ja schon machen, also nur ausnahmsweise und wirklich das letzte Mal." Genau, weil ich ja ab sofort nicht mehr stottere und ich deshalb immer all diese Dinge selbst machen will.

Aber genau von diesem Auf- und Ab – gute Phase, schlechte Phase – will ich ja weg. Ich will mir nicht ständig Gedanken machen, ist es jetzt eine gute Phase oder eine schlechte Phase, überhaupt will ich mir nicht ständig Gedanken machen, dass ich stottere und dass ich deshalb heute telefonieren kann oder eher doch nicht. Daher hat sich für mich herausgestellt, dass einzig die „harte Hand" hilft. Ein Partner, der kategorisch und grundsätzlich sagt: „Nein, mache ich nicht für Dich. Musst Du selbst machen, wenn Du das willst". Dieses Mal wirft der Partner Dich ins Feuer. Das klingt brutal und gefühlskalt, war aber damals genau das Gegenteil, nämlich das Allerbeste, was mir für meine Entwicklung passieren konnte. Es gab Rückschläge, unangenehme Situation, aber der Erfolg stellte sich langsam aber sicher ein, und zwar dauerhaft.

Eine neue Definition von Erfolg

Erfolge schaffen Selbstvertrauen und Selbstvertrauen schafft weitere Erfolge, und Selbstvertrauen und Selbstsicherheit sind immens wichtige Bausteine zur Bewältigung des Stotterns. Die Spirale aus Erfolgen und Selbstvertrauen muss durch Erfolgserlebnisse angeschoben werden, Erfolge sind also die Initialzündung (denn wo soll sonst das Selbstvertrauen herkommen?). Erfolge sind hier nicht gleichzusetzen mit dem landläufigen Begriff von „Erfolg" im Sinne von aufsteigen, Karriere machen und viel Geld verdienen, das ist ohnehin sehr subjektiv. Ein Erfolg ist zum Beispiel, sich heute einen Milchkaffee anstatt eines Cappuccinos bestellt zu haben, weil man einfach einen haben wollte. Beim Bäcker tatsächlich zwei Brezeln bekommen zu haben – nicht unbedingt, weil die Bestellung reibungslos lief, sondern einfach erst mal, weil man sich nicht in letzter Sekunde für was anderes entschieden hat, weil doch noch ein Kunde reinkam, der jetzt hinter einem ansteht und zuhört. Die nächste Stufe des Erfolges wäre dann, diese zwei Brezeln ohne Handzeichen und ohne dass eine Nachfrage des Bedienpersonals nötig war bestellt zu haben. Und so weiter, ich denke, das Konzept wird deutlich. Ansonsten ist man schnell deprimiert. Wenn ein erfolgreicher Vortrag definiert sein soll als einer, bei dem ich nicht stottere und bei dem keiner merkt, dass ich Stotterer bin, dann habe ich noch nie einen erfolgreichen Vortrag gehalten und werde auch nie einen halten. Und dann werde ich irgendwann gar keinen Vortrag mehr halten, keinen schlechten und keinen guten, weil ich nie ein Erfolgserlebnis damit hatte. Über kurz oder lang, mit gesteigertem Selbstvertrauen, hat sich dann auch der landläufige Erfolg eingestellt, was das Selbstvertrauen natürlich nochmals immens gestärkt hat. Lob und Anerkennung sind wichtig, aber viele Leute tun sich ja schwer, offen zu sagen: „Das hast Du gut gemacht". Die Anerkennung kommt verkleidet als Beförderung und Gehaltserhöhung. Wenn man viel Glück hat mit den Menschen in seinem beruflichen Umfeld, so wie das bei mir definitiv immer der Fall war und noch immer ist, spürt man die Anerkennung auch im täglichen Umgang, man wird ernst genommen und das Stottern wird im positiven Sinne ignoriert.

Der Kampf um Gehirnareale

Ich habe bereits beschrieben, wie ich jahrzehntelang morgens aufwachte und abends einschlief, nämlich mit dem Gedanken ans Stottern. Auch von meinem vollautomatischen Wort- und Satzbauanalyseprogramm, dass im Hintergrund immer mitlief, und von der Angst vor der nächsten potentiellen Stottersituation und der Planung einer Lösung hierfür. In anderen Worten:

ein Teil meines Gehirns war rund um die Uhr mit dem Thema Stottern beschäftigt, sieben Tage die Woche, 365 Tage im Jahr. Wie soll man das abstellen, wie soll man da entkommen? Schon alleine sich Gedanken darüber zu machen, wie man diese Gedanken abstellen kann, ist ja irgendwie kontraproduktiv, denn dann beschäftige ich mich ja schon wieder mit dem Stottern. Meine Lösung hierfür ergab sich zufällig. Ich hatte ja wie gesagt mit 12 oder 13 Jahren angefangen, Gitarre zu spielen, mehr schlecht als recht und vor allem um den großen Vorbildern wie Jimi Hendrix und Eric Clapton nachzueifern. Meine Familie wäre am 12-taktigen Blues Shuffle in E-Dur verbunden mit dem Anfangslick von „Hideaway" jedenfalls schier verzweifelt. Als ich dann mit 22 Jahren nach Augsburg zum Studieren ging hatte sich das Gitarrenspiel erst mal erledigt, ich hatte da irgendwie keine Lust mehr und war auch nicht mehr richtig weitergekommen. Ich habe jedenfalls schon gar keine Gitarre mehr mit nach Augsburg genommen. Erst im Jahre 2010 mit rund 34 Jahren, voll im Berufsleben, verheiratet und drei Kinder, zwischenzeitlich wieder in die alte Heimat gezogen, habe ich wieder eine Gitarre zur Hand genommen und gedacht, das könnte ich doch wieder mal anfangen. Es hat gleich wieder Spaß gemacht. Ich habe mir so einen kleinen Digital-Recorder gekauft, da kann man so viele Spuren übereinander aufnehmen wie man will – also quasi mit sich selbst „jammen" – und sich vom Schlagzeugcomputer begleiten lassen. Alles sehr rudimentär, aber die Möglichkeiten und der damit einhergehende Lerneffekt waren immens. Ich habe nächtelang durchgespielt, um Stücke einzuüben und aufzunehmen. Ich habe auf einmal Stücke spielen können, die ich in meiner Jugend schon immer spielen wollte, aber nie konnte. Ich habe die Westerngitarre für mich (wieder-)entdeckt, meine alte Westerngitarre verkauft und mir eine neue gekauft. Heute spiele ich vornehmlich Westerngitarre, das E-Gitarrenspielen habe ich ein Stück weit wieder „verlernt", wenn man das so sagen kann. Meine Frau hat mich irgendwann dazu ermutigt, doch einfach mal dazu zu singen. Äh, wie bitte? Ich stottere doch. Singen ist übrigens auch so ein Beispiel, das machen auch ganz viele Menschen sehr ungern, obwohl sie gar nicht stottern. Hinzu kam, dass ich überzeugter Anhänger des Single-Taskings bin. Ich war ja schon froh, dass meine linke Greifhand autonom von meiner rechten Anschlagshand funktionierte, aber parallel zu all dem noch singen, das ging nicht. Dann habe ich das im stillen Kämmerlein geübt und geübt und geübt – ich hatte bereits was über Perfektionismus geschrieben – und irgendwann lief es. Und das allerschönste: beim Singen stottere ich nicht. Überhaupt nicht, weder auf Deutsch noch auf Englisch. Es ist ja irgendwie ein alter Hut, dass Stotterer beim Singen nicht stottern, und die Singsang-Technik funktioniert ja schließlich auch. Das Ausmaß, in dem das Singen das Stottern abschaltet, ist jedenfalls für mich verblüffend. Ich komme beim Singen nicht mal auf die Idee zu stottern, und normalerweise würde ich beim Reden da schon stottern, weil ich ja ans Stottern bzw. Nichtstottern denke. Ich müsste mich verdammt anstrengen beim Singen zu stottern, ich weiß gar nicht, wie sich Stottern beim Singen anfühlen würde. Das mag teils an der Ablenkung liegen, man muss sich schließlich auf Gitarrespielen und gleichzeitiges Singen konzentrieren, aber auch nach ein paar Jahren Übung ist beim Singen einfach kein Stottern in Sicht. Und das ist unglaublich schön und befreiend, also für mich selbst. Ob mein Gesang für andere unglaublich schön und befreiend ist, sei erstens dahingestellt und ist mir zweitens scheißegal. Es mag absurd klingen, aber beim Gitarrespielen selbst stottere ich auch nicht, das heißt die Akkorde und Melodien fließen raus wie sie sollen, ich hänge nicht, wenn ich einen Basslauf spielen will oder wenn ich vom C zum G wechsle.

Die heilsame Wirkung des Singens und Gitarrespielens wurde übrigens kürzlich auch von einer der großen Gitarrenbaufirmen aus Amerika entdeckt und prompt zu Werbezwecken genutzt. In der Anzeige wird von einer jungen Frau berichtet, die sehr schwer stotterte und durch das Singen und Gitarrespielen endlich einen Weg gefunden hat, sich ganz stotterfrei öffentlich mitzuteilen. Ja, ich kann voll bestätigen, dass das funktioniert, aber wenig überraschend hat das bei mir auch mit der Gitarre einer ganz anderen Gitarrenmarke funktioniert.

Ich beschäftige mich zum Leidwesen meiner Familie auch ausführlich mit allem, was mit Gitarren zu tun hat. Meine Plattensammlung ist stark gitarrenlastig, ich wälze ständig Gitarrenkataloge und -zeitschriften, im Wohnzimmer stehen mehrere Kisten voll davon rum, zusätzlich zu Verstärkern, Boxen, Effektpedalen und allem was dazugehört. Meine Frau und meine Kinder müssen herhalten, wenn ich ihnen den klanglichen Unterschied einer Westerngitarre mit Sitka-Fichtendecke und Korpus aus indischem Palisander verglichen mit einer anderen Westerngitarre mit Mahagonidecke und -korpus nicht nur wortreich erkläre sondern auch noch vorführe. Und dann der klangliche Unterschied von E-Gitarren mit eingeleimtem und verschraubtem Hals, oder eine Jumbo-Bauform verglichen mit einer Slope-Shoulder. „Klingt doch alles genau gleich" – ja klar, als ob.

Warum erzähle ich das alles? Erstens weil ich ausdrücken will, wie sehr ich mich dafür begeistern kann. Zweitens weil mir irgendwann aufgefallen war, dass ich seit Tagen morgens mit dem Gedanken „Ich spiele Gitarre" aufgewacht bin. Oder mit „So eine Gitarre will ich mal haben" oder „Heute gehe ich in die Stadt und kaufe Saiten" oder „Wow, endlich kann ich dieses Stück". Ich weiß sogar noch, wie genau mir das aufgefallen war. Ich hatte fast die ganze Nacht durch „Voodoo Chile" von Jimi Hendrix gespielt und aufgenommen, immer und immer wieder. Am nächsten Morgen bin ich aufgewacht und dachte als erstes: „Geil, endlich kann ich das, das wollte ich doch früher immer schon spielen". Und da traf es mich wie ein Blitz, dass ich eigentlich seit Tagen morgens und abends und die ganze Zeit vornehmlich ans Gitarrespielen gedacht hatte. Man kann sich die befreiende Wirkung kaum vorstellen.

Bildlich gesprochen habe ich offenbar einen seit Jahrzehnten besetzen Gehirnteil zurückerobert, habe das negativ besetzte Stottern durch das positiv besetzte Gitarrespielen ersetzt. Das Stottern selbst ist wenig überraschend noch da, aber ich muss nicht mehr die ganze Zeit daran denken. Das bedeutet für mich extrem viel mehr Lebensqualität und Zufriedenheit, ein neues Lebensgefühl. Jetzt kann man mit Recht sagen, dass mein Gitarren- und Musikfetisch durchaus leicht krankhafte Züge bis hin zur Besessenheit aufweist, aber ehrlich, lieber bin ich vom Gitarrespielen besessen als vom Stottern.

Das Konzept der Rückeroberung von Gehirnarealen funktionierte bei mir glücklicherweise nur mit positiv besetzten Ersatzgedanken. Während meiner Gitarrenpause waren ja viele

Dinge geschehen, meine Lebensumstände änderten sich signifikant, und wir hatten und haben schwere Zeiten, die mit dem Stottern gar nichts zu tun haben. Aber weder der Tod meines Vaters, noch die Tatsache, dass eines meiner Kinder chronisch und unheilbar krank ist, hat mich jemals mein Stottern vergessen lassen. Mein erster Gedanke am Morgen war nie „Mein Kind ist krank", sondern immer noch „Ich stottere". Das Stottern funktioniert durch seine innere Strahlkraft offenbar auch als Schutzmechanismus vor anderen Problemen, was einen gelasseneren Umgang mit anderweitigen Sorgen ermöglicht.

Offen mit dem Stottern umgehen

Ich habe die Erfahrung gemacht, dass ein offener Umgang mit dem Stottern seitens des Betroffenen viele Situationen entschärfen kann, sowohl für mich als auch für mein Gegenüber. Wenn ich also merke, dass sich mein Gegenüber unwohl fühlt, weil er nicht so recht weiß, wie er auf mein Stottern reagieren soll, dann hilft es sehr, das Stottern direkt zu thematisieren. „Also, heute scheine ich wieder stärker zu stottern, das kann man halt nicht steuern" oder so was in der Art. Dann weiß die andere Person was Sache ist und dass ich offen damit umgehe, und schon stottere ich vielleicht auch weniger. Eine typische Situation taucht auch gerne bei Telefonkonferenzen auf. Wenn ich rede und etwas stärker stottere als sonst vielleicht üblich, dann kommt manchmal der Kommentar vom anderen Ende der Leitung, dass die Verbindung schlecht sei und immer wieder abbricht. Lange Zeit habe ich daraufhin so getan als hätte tatsächlich die Leitung Schuld, dann haben sich alle neu eingewählt, aber das nützte halt nichts. Zwischenzeitlich würde ich auch mal sagen, dass gar nicht die Leitung schuld ist, sondern dass ich stottere. Das kostet aber nach wie vor Überwindung, nicht nur weil man den Gesprächspartner nicht in eine unangenehme Lage bringen will. Mein Drang zur Offenheit hat aber auch Grenzen. Menschen, die ich tendenziell nie mehr wieder sehe, will ich nicht mit meiner Offenheit behelligen. Also ziehe ich an der Bedientheke schon mal alle Register meiner Schummeltrickkiste, weil ich jetzt einfach bloß was bestellen will und keine interessanten Diskurse übers Stottern führen will. Ich will nicht ausschließen, dass tatsächlich einige dieser Sekundenbekanntschaften nicht gemerkt haben, dass ich stottere, schon allein weil sie andere Sorgen haben und zudem hunderte Kunden am Tag bedienen.

Die Gefahr richtig einschätzen

Wovor hatte ich denn mein Leben lang genau Angst? Vor dem Stottern an sich. Nein, eigentlich vor dem Moment des Stotterns, genau dann wenn es auftritt. Nein, genauer gesagt doch davor, wie ich mich dann fühle. Ich hatte Angst vor der Scham, vor dem unangenehmen Gefühl, sobald ich stotterte, weil dann die Umwelt merkt, dass ich stottere, und in irgendeiner Weise darauf reagieren wird. Aber wie reagiert die Umwelt denn eigentlich im Regelfall? Gerade wenn ich mir den ersten Teil meines Buchs so ansehe muss ich feststellen, dass auf rund 40 Jahre Lebenszeit verteilt die Anzahl derjenigen Reaktionen, die eindeutig in bösartiger Weise negativ waren, doch verschwindend gering ist. Wenn man nun die Kindheit noch außer Acht lässt, wird diese Anzahl im Vergleich zu der Anzahl an Vorfällen, in denen ich tatsächlich stotterte, geradezu lächerlich unerheblich. Kinder sind da einfach gnadenlos, die hänseln einen wegen was auch immer. In meinem persönlichen Fall waren auch zwei Lehrer gnadenlos. Ungeschickterweise traten all diese negativen Reaktionen recht früh in meinem Leben auf, so dass sie entsprechend prägend waren, nehme ich an. Will ich denn gerade diesen wenigen Idioten eine derartige Wichtigkeit zugestehen, so dass sie allein mein Lebensgefühl bestimmen? Denn rational betrachtet hätte ich doch viel früher mal erkennen müssen, dass mir außer diesen wenigen Idioten eigentlich mein Leben lang keiner was Böses wollte, nur weil ich stotterte. Um Missverständnisse zu vermeiden: es gab gefühlt zehn Millionen unangenehme Situation für mich, keine Frage, aber mehr weil ich mir ausmalte, was passieren könnte und wie reagiert werden könnte und dass ich dann direkt mit meinem Stottern konfrontiert werden könnte. Tatsächlich passiert – außer dass ich stotterte – ist nie etwas, und blöd reagiert hat eigentlich auch fast keiner. Na gut, in gewisser Hinsicht schon, aber nicht bösartig blöd. Wenn ich zum Beispiel gerade von Stolz erfüllt eine größere Bestellung im Restaurant recht flüssig und verständlich abgegeben habe und als Antwort nur „Sorry, das Pad hatte einen Hänger, können Sie's nochmal sagen?" bekomme. Das kommt ja mal vor, und die Person weiß gar nicht, was sie mir damit antut. Das waren halt noch Zeiten, als die Bedienungen die Bestellung einfach auf einen Zettel geschrieben haben, da konnte nichts hängen bleiben. Heute bleibt zuerst das blöde Pad, dann ich hängen.

Ich will definitiv nicht darauf hinaus, ich hätte mir die Angst mein Leben lang nur eingebildet oder dass sie vollkommen unbegründet war. Sie war für mich hundertprozentig real. Dennoch hilft mir heutzutage der (noch relativ junge) Gedanke, dass eigentlich gar nicht so wahnsinnig viel passieren kann, selbst im Falle eines Stottersupergaus. Ganz klar, das ist subjektiv schlimm und beschämend. Und dann? Genau, dann dreht sich die Welt weiter. Und keiner sagt was, auch weil er oder sie selbst nämlich nie im Leben da vorne stehen wollen und einen Vortrag halten, obwohl sie weder stottern noch lispeln noch sonst irgendeine Sprechstörung haben.

Schummeln erlaubt – Akute Situation meistern

Meine Bewältigungsstrategie soll nicht übertrieben idealisiert wirken, auch sie hat natürlich deutlich ihre Grenzen. So erwische ich mich durchaus noch täglich bei der Anwendung von Techniken, die ich ja eigentlich – jede für sich isoliert betrachtet – nicht für geeignet halte, das Lebensgefühl dauerhaft zum Positiven zu wenden. Normalerweise funktioniert die Strategie gut, sprich ich bin positiv eingestellt, nicht mehr vornehmlich angstgetrieben, dadurch gelassener im Umgang mit dem Stottern. Folglich stottere ich auch in der Tat weniger. Doch manchmal überkommt es einen halt doch. Und schwupps, wird das Wort ersetzt und der Satz umgestellt, wird aus dem Milchkaffee der Cappuccino, in ganz seltenen Fällen wird vielleicht auch aus zwei Semmeln nur eine. Auch wenn das aus Figurgründen vielleicht öfters passieren sollte, ist es schon wirklich grenzwertig und fällt schon fast unter meine sehr kurze Verbotsliste. Manchmal stelle ich mich auch blöder und unsouveräner an als ich bin und baue auf die Auffassungsgabe meines Gegenübers. Ich wollte mich vor kurzem in einem Geschäft erkundigen, wo denn die Kurzzeitwecker stehen. „Wecker" ist bekanntlich ein Stolperfalle für mich. Mein Wortfindungsprogramm schlägt mir spontan "Eieruhr" vor, eine super Alternative mit gleich zwei Stolperfallen drin. Also frage ich nach einem „Kurzzeit … ähm … dingsbums". Die Verkäuferin wusste sofort was ich will. Für mich selbst bleibt ein fahler Beigeschmack, aber immerhin habe ich gefragt und nicht wie früher 20 Minuten lang gesucht, bis ich die Kurzzeitdingsbumsens selber gefunden hätte – und auf die Frage, ob man mir helfen könne, mit „nein danke, ich schau mich nur um" geantwortet. Und mich dann gewundert, warum ich das jetzt so gut sagen konnte, aber „Kurzzeitwecker" nicht.

Es gibt ganz wenige Verhaltensweisen für Stotterer, die ich kategorisch verbieten würde, wenn ich es könnte, hier mal ausnahmsweise in Aufzählungsform:

- Keine Hilfe vom Logopäden in Anspruch nehmen.

- Sprechsituation dauerhaft meiden, sprich aufhören zu reden, und dadurch auf Dinge verzichten, die man eigentlich will.

Ansonsten gilt immer „Was hilft ist erlaubt", wenn man den Fokus auf die Verbesserung des Lebensgefühls im Auge behält. Was ja auch zeigt, dass der Begriff des Schummelns hier nicht wirklich ernst gemeint ist. Richtig geschummelt wäre es nur, wenn man sich tagein tagaus mit der Schummelei über Wasser hält, ohne parallel auf die Verbesserung des Lebensgefühls hinzuarbeiten. Genau das geht meiner Erfahrung nach mit diesen Techniken allein eben nicht. Die Nutzung solcher Techniken kann aber durchaus ein positives Lebensgefühl überhaupt erst ermöglichen, weil man bestimmten Situationen dann gelassener entgegensehen kann. Man darf sich halt auf keinen Fall der Illusion hingeben, dass diese Techniken helfen, das Stottern insgesamt zu verbergen. Auf die Gefahr hin, mich zu wiederholen: JEDER merkt es.

Weil also gewisse Situationen trotz positivem Lebensgefühl nach wie vor eher negativ assoziiert im Sinne von angespannt und aufregend bleiben, wenn auch nicht mehr wirklich angstbesetzt, habe ich mir für bestimmte Situationen gewisse Verhaltensweisen angewöhnt. Das ist definitiv nicht geschummelt, weil sie mich nicht davon abhalten, das zu tun, was ich will – sondern ganz im Gegenteil.

Vorträge halten

Vor dem Vortrag achte ich auf eine weitgehende Entspannung der Gesichtsmuskulatur, mit besonderem Fokus auf die Stirn und den Abschnitt zwischen den Augen, also am Nasenansatz. Das ist genau der Abschnitt, den mein Logopäde als im Moment des tatsächlichen Stotterns besonders angespannt identifiziert hat. Also lockere ich speziell dieses Areal, aber auch die Kiefermuskeln, durch progressive Muskelentspannung nach

Jacobsen, also die Methode, die mir selbiger Logopäde beigebracht hat. Das klingt zeitaufwendig, ist aber in der Tat in einer halben Minute passiert. Während man in der Lernphase bestimmte Muskeln immer erst anspannen muss um sie dann wieder zu entspannen, kann man sich mit etwas Übung den Zustand der höchstmöglichen Entspannung merken und direkt in diesen gelangen. Ich weiß also, wie sich mein Gesicht und meine Stirn im Idealfall total entspannt anfühlen sollten und führe gezielt diesen Zustand herbei. Wenn man später vom Publikum ernstgenommen werden will, dann macht man das übrigens besser alleine im Büro oder auf der Toilette vor dem Spiegel und nicht im Vortragssaal, während die ersten Zuschauer schon eintrudeln.

Genauso wichtig ist es, für freie Atemluftzufuhr zu sorgen. Wenn ich also auch nur den Hauch einer verstopften Nase verspüre, dann benutze ich ein Nasenspray. Den Adrenalinstoß vor dem Vortrag nehme ich nicht mehr als Panik wahr, sondern als normal. Abgesehen von der Gesichtsmuskelentspannung wird vielleicht auch der ein oder andere Nichtstotterer solche Dinge hilfreich finden, was mich zum Punkt zurückbringt, dass auch Nichtstotterer gewisse Probleme mit dem Halten von Vorträgen haben.

Außerdem achte ich auf großzügige Zeitplanung im Vorfeld des Vortrages und insgesamt auf gute Vorbereitung. Wenn ich morgens um 9 Uhr einen Vortrag halten soll, dann drucke ich spätestens am Vorabend die Tischvorlagen aus. Ich bin dann auch spätestens um 8 Uhr vor Ort. Mit der Aufregung vor dem Vortrag an sich kann ich sehr gut umgehen, wenn ich dann aber zusätzlich in letzter Minute noch alles ausdrucken muss, dann noch der Toner vom Drucker aus ist und ich dann vollkommen abgehetzt und außer Atem im Vortragssaal ankomme, dann ist das nicht mehr so gut zu handhaben. Deswegen fahre ich auch grundsätzlich mit dem Aufzug, wenn ich einen Vortrag oder wichtigen Termin habe, der mehr als ein Stockwerk entfernt stattfindet. Es wirkt total unsouverän, wenn man abgehechelt ins Zimmer stürzt, und mehr Stottern würde ich auch. Lange Rede, kurzer Sinn: ich sorge also in jeglicher Hinsicht für Entspannung vor dem Vortrag.

Während des Vortrags selbst sorge ich dafür, dass ich nie einen trockenen Mund habe, also immer schön trinken nebenher, ob es nun Kaffee oder Wasser ist, ist eigentlich egal. Also Glas auf den Tisch oder das Rednerpult und die Flasche Wasser immer in Reichweite.

Das alles ist zum Ritual geworden, und ob zum Beispiel meine Gesichtsmuskeln faktisch gesehen tatsächlich entspannt sind ist vollkommen unerheblich, weil mir allein der Gedanke hilft, dass ich alles getan habe, was ich tun kann. Es liegt in der Natur der Sache, dass das Ritual nicht immer gleich gut wirkt, was zum Beispiel bei dem schlecht gelaufenen Nachmittagsvortrag in London offensichtlich wurde. Andererseits war ich aber 2007 einmal nach London geflogen, um einen Vortrag zu halten, und es ging alles schief – der Flieger war zu spät, wir mussten vom City Airport auf Heathrow ausweichen, ich bin insgesamt vier Stunden zu spät gekommen, so dass mein Vortrag vom Vormittag auf den Nachmittag verschoben werden musste. Ich bin dann ins Zimmer gekommen und wurde quasi direkt ohne Vorwarnung nach vorne zum Rednerpult durchgeleitet und durfte anfangen – also das genaue Gegenteil meines üblichen Rituals. Und der Vortrag lief sehr gut, sogar außerordentlich gut, wenn ich mich recht erinnere. Das soll einer verstehen. Das Stottern ist und bleibt in hohem Maße unberechenbar.

Vorlesen

Beim Vorlesen hilft bewusstes Einatmen vor dem Satz, um den Satz dann mit dem Ausatmen „hinausfließen" zu lassen. Darüber hinaus hilft eine eher lebhafte Betonung, aber da gilt es halt nicht zu übertreiben, sonst geht das leicht in Sing-Sang-Technik oder Vokaledehnen über. Zu vermeiden gilt es, während dem Lesen bereits die folgenden Textteile auf Stolperfallen zu analysieren. Das ist ein Teil meines Wortvermeidungs- und Satzbauanalyseprogramms, den ich nicht immer abstellen kann. Wenn ich merke, dass ich mir eben jetzt mit dem Vorlesen eher schwer tue, aktiviert sich diese vorausschauende Analyse. Da ich mir aber fest vorgenommen habe, beim Vorlesen zu 100 Prozent an der geschriebenen Vorlage zu bleiben, bringt das nicht sonderlich viel, außer dass die Nervosität steigt und damit dass Stottern zunimmt. Gut, ab und zu werden es dann halt auch nur 99 Prozent. Dann breche ich das Vorlesen aber ab und sage einfach, dass es heute einfach nicht geht. Warum genau ich ausgerechnet an diesem Tag nicht vorlesen kann, das weiß ich übrigens nie so genau.

Vom Nervositätsgrad muss man hier verschiedene Szenarien unterscheiden. Meinen eigenen Kindern vorlesen ist unproblematisch, das mache ich sogar sehr gerne. Das heißt nicht, dass ich da nicht stottere. Da stottere ich manchmal sogar erstaunlich stark. Das hängt gar nicht davon ab, ob ich den ganzen Tag schon eher mehr oder weniger stottere, sondern entscheidet sich oft spontan während des Vorlesens. Oft läuft der Anfang ganz gut, und als ob ich mir dann zu viele Gedanken mache, warum das jetzt eigentlich so gut läuft, wird das Stottern dann mehr. Der springende Punkt ist aber der: meine Kinder stört das überhaupt nicht. Sie haben sogar vor ein paar Jahren mal gesagt, ihnen wäre gar nicht aufgefallen dass ich stottere. Meine Kinder sind auch die einzigen Menschen, denen ich uneingeschränkt glaube, dass sie das beim Vorlesen in gewisser Weise überhören, weil sie es aus reiner Gewohnheit quasi schon einkalkulieren.

Die nächste Nervositätsstufe ist erreicht, wenn zusätzlich jemand hinzukommt, während ich meinen Kindern vorlese. Ganz egal ob das meine Frau, meine Mutter, oder sonst jemand aus der Familie ist, ich fühle mich dann tendenziell beobachteter und werde nervöser. Die höchste Stufe der Nervosität ist erreicht, wenn jemand fremdes zuhört. Daher lese ich meinen Kindern zum Beispiel grundsätzlich im Wartezimmer beim Arzt nichts vor. Das ist vollkommen irrational, denn eigentlich könnte es mir doch gerade vor den Leuten, die ich überhaupt nicht kenne und die ich auch nie wieder sehen werde, total egal sein. Ist es aber nicht.

Das alles klingt zugegebenermaßen nicht spontan nach jemandem, der seinen Frieden mit seinem Stottern gefunden hat und der akzeptiert hat, dass es sowieso absolut jeder merkt. Aber niemand ist perfekt und ich bin niemandem Rechenschaft darüber schuldig. Ich will nicht im Wartezimmer vorlesen, und fertig. Ich will das genauso wenig wie die anderen Väter, die auch nicht im Wartezimmer vorlesen oder überhaupt nie vorlesen, und ich will es gleich überhaupt nicht nur deswegen machen, weil ich mir selbst beweisen müsste, dass meine Bewältigungsstrategie perfekt funktioniert.

Telefonieren

Ähnlich wie beim Vorlesen hilft hier bewusstes Atmen. Während der von mir Angerufene sich meldet, atme ich bewusst ein, um dann beim Ausatmen zu sagen, wer ich bin. Wenn ich der Angerufene bin, dann atme ich bewusst ein, während ich den Hörer abhebe und zum Ohr führe, und dann melde ich mich mit Nachnamen. Da tendenziell jeder weiß, wen er anruft, ist es auch gar nicht schlimm, wenn mal nur ein „...äfcke" ankommen sollte. Mein Vater war zeitlebens ein (nichtstotternder) Vollzeithektiker und er hat immer während er noch abgehoben hat schon „Praefcke" gesagt, so dass der Anrufende grundsätzlich auch nur „äfcke" gehört hat, sehr zur Belustigung meiner Freunde.

Eine gewisse Formalisierung und Standardisierung hilft mir beim Telefonieren auch. Ein automatisches Abspulen solcher

Textbausteine fällt relativ leicht. An meinem Arbeitsplatz sind alle per Du, und wenn ich jemanden intern anrufe, dann sage ich anscheinend immer „Hallo, da ist der Jochen hier", und zwar genau so. Eine Kollegin hatte mich mal darauf hingewiesen, wie putzig das doch sei. Irgendwie scheine ich mir das so angewöhnt zu haben, weil das ganz flüssig läuft so. Ebenso habe ich eine Art Standardtextbaustein für „geschäftlich extern", „privater Anruf bei Freunden", „alle anderen privaten Anrufe" und so weiter. Das nimmt dem ganzen sehr viel von der Anspannung, so dass mich Telefonieren an sich heutzutage nicht mehr wirklich stresst. Wenn es wirklich um Details geht, die exakt verstanden werden sollten – zum Beispiel wann und wo genau das Taxi hinkommen soll, um wieviel Uhr der Tisch für wie viele Personen genau reserviert werden soll – bin ich immer noch angespannter. Früher habe ich oft E-Mails geschrieben, wenn die Angelegenheit eigentlich viel schneller per Anruf zu erledigen gewesen wäre. Heute mache ich das nicht mehr so oft. Eine Zeit lang habe ich öfters eine E-Mail vorab geschickt, die mein Anliegen schon mal grob darstellt, auf dass sich beim später Angerufenen hoffentlich ein Wiedererkennungseffekt einstellt, so dass die reibungslose Vorstellung meiner Person nicht mehr so wichtig war. Telefonieren gehört auch heute noch sicherlich nicht zu meinen Lieblingsbeschäftigungen, aber ich kann gut damit leben. Da will ich auch gar nichts einreißen lassen, ich will nicht in alte Verhaltensmuster zurück. Wenn telefoniert werden muss, dann wird telefoniert. Vielleicht warte ich manchmal, bis ich alleine im Büro bin, insbesondere dann, wenn ich bei einer Service-Nummer anrufen muss, bei der ich mich durch ein Sprachmenü quälen muss. Ach herrjeh, ich sehe schon, die besten Freunde werden wir wohl nicht mehr, mein Telefon und ich.

Sich vorstellen

Mich persönlich mit Namen vorzustellen ist bis heute die mir unangenehmste Situation. Hier kommen schon mal zwei offensichtliche Probleme zusammen: der für mich schwer auszusprechende eigene Name und die Erwartungshaltung des Gegenübers, dass Du genau jetzt was sagst, und nicht irgendwas, sondern einfach bloß Deinen Namen. Hinzu kommt wohl, dass bekanntlich der erste Eindruck zählt, und dass man eben nur eine Chance hat für den ersten Eindruck. Und ja, tatsächlich auch das alte Verhaltensmuster, es zumindest für die paar Sekunden der Vorstellung verbergen zu wollen. Muss wirklich der erste Eindruck, den jeder von mir kriegt, vom Stottern geprägt sein? Lernresistenz in ihrer reinsten Form.

Was tun? Denn vorstellen muss ich mich gefühlt täglich und mehrmals, oft eben auch vollkommen unerwartet. Rein mit dem Nachnamen vorstellen geht ganz gut, mal mehr und mal weniger perfekt, manchmal sogar ganz ohne Probleme. Also wenn ich zum Beispiel einem Lehrer von einem meiner Kinder das erste Mal begegne. Wenn gerade gar nichts geht sage ich halt notfalls „Ich bin der Vater von so und so", dann wissen sie den Nachnamen auch. Der Lehrer fragt sich dann, warum ich nicht einfach meinen Namen sage, und ich frage mich, warum das einfacher war wie „Praefcke". Das eigentliche Problem ist aber der Vorname, und Vorname und Nachname, das mache ich nie. Wenn ich nämlich beim Jochen schon hängen bleibe, dann wird das anschließende Praefcke eher unästhetisch. Auch wenn sich in der geschäftlichen Besprechung eben der ganze Tisch mit Vor- und Nachnamen vorgestellt hat, bleibe ich stur bei „Mein Name ist Praefcke", auch so ein Textbaustein, der in dieser Situation zwischenzeitlich relativ gut funktioniert (und nur in dieser Situation). Nur „Jochen Praefcke", das kann ich mir nicht dauerhaft als problemlosen Standardtextbaustein ablegen. Komisch.

Wenn nun jemand auf einer Party auf mich zukommt und mir die Hand entgegenstreckt, hallo, er sei der Paul, dann versuche ich bei „Jochen" möglichst die Betonung auf das „o" zu legen und das „J" fast schon unter den Tisch fallen zu lassen. Lustigerweise sagte meine Nichte, als sie noch ganz klein war, immer „Oche" zu mir, heute noch gerne von ihrem Vater als Spitzname für mich verwendet. Ich sollte überlegen, diesen Namen offiziell anzunehmen, denn das würde mir einiges erleichtern, obwohl es mit einem Vokal anfängt.

Jedenfalls funktioniert das Vorstellen mit dem Vornamen so gut wie nie problemlos, da hilft keine Technik wirklich zuverlässig. Mein Hirn hält speziell an diesem einen Problem fest, hält es aufrecht bis zum Schluss, denn ansonsten bestünde die Gefahr, dass das Stottern dauerhaft in den Hintergrund, gar in Vergessenheit geraten würde, dass alle Dämme brechen würden – diese Identitätskrise gilt es offenbar zu vermeiden. Dabei fallen mir heute (Betonung auf: heute) einige andere Dinge als das Stottern ein, über die ich meine Persönlichkeit definieren kann und will. Nur mein Hirn ist noch nicht hinreichend überzeugt.

Ich habe mich kürzlich erstmals öffentlich als DJ versucht, im Rahmen einer Veranstaltungsreihe, in der Schallplattensammler (für die jüngeren Leser: Schallplatten sind die großen schwarzen Scheiben aus Vinyl!) ihre Lieblingsplatten vorstellen. Der Veranstalter hatte ohne mein Wissen überall Plakate aufgehängt auf denen groß „DJ Jochen" stand. Zuerst dachte ich „verdammt, hätte ich mir mal einen griffigen Künstlernamen überlegt – wenn heute meine große Zweitkarriere beginnt habe ich als DJ auch noch den beknackten Namen, den ich nicht aussprechen kann". Und auch mein Bruder sagte ironisch „interessante Wahl für einen Künstlernamen, nachdem Du gerade ein Buch darüber geschrieben hast, wie sehr Du Deinen Namen hasst". Nachdem mich aber den Abend über mindestens fünf mir völlig unbekannte Leute ohne jede Vorstellung mit „Jochen" angesprochen haben, habe ich die Sache anders gesehen. Der Veranstalter hat mir mit seiner Posteraktion einen Riesengefallen getan. Das erinnert mich an meine Taktik bei geschäftlichen Vorträgen, dass bestenfalls jeder im Raum meinen Namen schon kennen sollte.

KAPITEL 4

VOM UMGANG MIT STOTTERERN

Ich habe sozusagen die ganze Bandbreite an Reaktionen erlebt, die andere Menschen im Umgang mit Stotterern an den Tag legen. Bis auf die bereits erwähnten wenigen Ausnahmen im Kindes- und Jugendalter gab es keine besonders gravierenden Fälle von Dummheit oder Bösartigkeit. Dennoch lohnt es sich, sich etwas genauer damit zu beschäftigen, welche Art von Umgang aus Sicht des Stotterers – oder zumindest aus meiner Sicht – eigentlich wünschenswert erscheint und was als weniger angenehm empfunden wird. Einige unerwünschte Verhaltensweisen sind wohl sogar gut gemeint, da fehlt es wohl bloß am genaueren Einblick und Feingefühl, wie so etwas vom Stotterer empfunden wird.

Akzeptanz, Toleranz und Ignoranz

Allgemein gesprochen würde ich Akzeptanz als die für mich angenehmste Art des Umgangs mit meinem Stottern bezeichnen wollen. Wenn die Leute in meinem Umfeld die Tatsache, dass ich stottere einfach hinnehmen, es als „normal" ansehen, kein Aufsehen darum machen, also den Inhalt über die Vortragsform stellen, dann trägt das ungemein zu einer Wohlfühlatmosphäre bei, die dem Idealzustand verdächtig nahe kommt. Und genau das ist in sehr vielen meiner heutigen Lebenssituationen auch der Fall, das Verhalten der Menschen in meinem Umfeld ist also meist ohne Fehl und Tadel, wenn man das so sagen will. Trotzdem stellt sich keine totale Entspannung bei mir ein, weil ja das Kopfkino und die Angst vor dem nächsten Stottersupergau und der Scham nach wie vor da sind, wir hatten das ja schon. Da können aber die Menschen, die heutzutage um mich herum sind, nichts dafür, außer halt dass sie Menschen sind, vor denen ich mich potentiell schämen könnte. Teils schleicht sich auch eine sonderbare Atmosphäre ein, weil die Menschen im Umfeld nicht so genau wissen, wie sie reagieren sollen, sie wissen nicht so recht damit umzugehen. Wie soll ich jetzt bloß auf das Stottern reagieren? Darf ich über den Stottererwitz lachen, auch wenn ich weiß, dass einer der Anwesenden selbst stottert? Bloß nichts politisch Inkorrektes tun!

Stottern als Behinderung

Die Sache mit der politischen Korrektheit ist ja bekanntlich ein recht schmaler Grat, und wenn es um den Umgang mit Behinderungen geht, ist der Grat gleich nochmal ein Stück schmaler. Ich weiß gar nicht, ob und unter welchen Voraussetzungen genau das Stottern rechtlich als Behinderung anerkannt wird. Bei meiner Berufsunfähigkeitsversicherung wurde das Stottern jedenfalls ausgeschlossen, sprich wenn ich wegen des Stotterns daran gehindert wäre, meiner Arbeit nachzugehen, zahlt die Versicherung nicht. Gefühlt handelt es sich mit absoluter Sicherheit um eine Behinderung im Wortsinne. Wenn ich Essen bestelle, dass mich nicht anmacht, weniger kaufe als ich will, länger im Geschäft suche, weil ich nicht das Personal fragen will, dann behindert mich das in der Entfaltung meines Willens und meines Lebens. Und das waren alles relativ harmlose Beispiele. Es geht auch krasser: wenn ich nicht den Beruf wähle, den ich will, oder nicht den Partner kriege, den ich will, weil ich ihn oder sie nicht ansprechen will oder kann. Nun ist ja mein eigenes Stotterleiden relativ sanft ausgeprägt, aber sogar für mich haben sich all diese Fragen zu bestimmten Zeitpunkten gestellt. Bei mir hat sich das letztlich alles zum Guten gefügt, durch glückliche Zufälle, vorübergehende Naivität und zeitweise Verdrängung zum Zeitpunkt der akut anstehenden Entscheidung. Das Ausmaß der gefühlten Behinderung eines starken Stotterers kann selbst ich mir nur schwer vorstellen.

Kinder sind ja bekanntlich gnadenlos ehrlich, und diese Ehrlichkeit tut manchmal gut. Meine Tochter wurde vor Jahren mal im Schulbus gehänselt, ihr Bruder und ihr Vater seien ja voll behindert, hihi. Bei Ihrem Bruder spielte dies auf seine Epilepsie an, und bei mir, na ja, das kann man sich ja denken. Meinen Sohn hat das recht hart getroffen, und eine gute Freundin meiner Tochter

> hat ihn dann getröstet mit den unvergesslichen Worten: „Bei Dir ist das gar nicht schlimm, man merkt gar nicht, dass Du behindert bist. Nicht so wie bei Deinem Vater, da merkt man das voll." Ich habe mich fast totgelacht, was besagte Freundin wiederum etwas verstörte. Ich habe dann mal bei der Mutter eines der hänselnden Kinder angerufen. Ich mische mich nicht in jede Hänselei ein, aber wenn es gegen die Behinderung meines Sohnes geht, ist eine Grenze erreicht und dann will ich das auch mal thematisieren. Als Antwort wurde ich angebrüllt, ich solle nicht immer mein behindertes Kind vorschieben. Dankeschön, jetzt weiß ich wenigstens, warum sich das Kind im Schulbus so verhält.
>
> Ob man nun als Nichtbetroffener unabhängig von der rechtlichen Anerkennung das Stottern als Behinderung oder behindernd anerkennt oder nicht ist eigentlich sekundär, so lange man wenigstens das Stottern nicht bagatellisiert.

Die Bagatellisierung des Stotterns ist eine recht verbreitete Reaktion und ein echtes Ärgernis für mich. „Du stotterst doch gar nicht" ist ein Satz, den ich einfach nie mehr hören will. Solche Aussagen werden oft gerne mit einer Überzeugung vorgetragen, als sei es die unumstößliche Wahrheit. Da könnte man mir genauso ins Gesicht sagen „Du bist paranoid und hast Dir Dein Leben lang eingebildet, dass Du stotterst". Oder warum nicht gleich „Dein Leben baut auf einer einzigen großen Lüge auf". Wenn es irgendjemand auf der Welt wirklich ganz sicher weiß, dass ich stottere, dann ich selbst. Also hört bitte auf, mich vom Gegenteil überzeugen und für dumm verkaufen zu wollen. Die Bagatellisierung kommt in allen denkbaren Schattierungen vor, vom plumpen „Du stotterst nicht" (ganz schlimm) über „Dein Stottern fällt gar nicht auf" (etwas besser, aber in den meisten Fällen gelogen) bis „Dein Stottern ist doch gar nicht so schlimm" – letztere Variante entzieht sich einer pauschalen Beurteilung der Schwere der Ignoranz. Faktisch gesehen stimmt die Aussage in meinem Fall, wenn man sie auf die Schwere des Stotterns bezieht, jedenfalls heutzutage und über weite Strecken. Aber da schwingt oft unterschwellig ein „… stelle Dich gefälligst nicht so an, da gibt's ja wohl deutlich Schlimmeres" mit. Ja, insgesamt gibt es schon deutlich Schlimmeres, aber das hilft mir auch nicht im Moment des Stotterns, der Scham und der Verspeisung eines Essens, dass ich nicht wollte. Bei aller Erdung und Sensibilität für das Leid auf Erden und andere Einzelschicksale will ich mein Stottern nicht als Luxusproblem bagatellisiert sehen, denn dafür ist bzw. war insbesondere früher der Leidensdruck zu hoch.

Meiner Einschätzung nach meint es keiner der ignoranten Bagatellisierer böse. Es ist sogar positiv und ermutigend gemeint, wenn sie sagen „Dein Stottern merkt man doch gar nicht". Ich weiß es aber halt trotzdem besser. Selbst wenn ich ein paar Sätze faktisch lang gar nicht stottere, merke *ICH SELBST* immer noch sehr wohl, dass ich stottere. Denn die flüssigen Sätze der letzten Minute flossen ja vielleicht nicht einfach so raus, weil ich per se nicht stottere, sondern weil ich mir Mühe gab, und weil ich eben noch schnell zwei Wörter ausgetauscht habe und bewusst vor dem Satz eingeatmet habe. Internes

Stottern, nur vom Zuhörer nicht wahrnehmbar, vom Stotterer selbst aber sehr wohl. Natürlich ertappe ich mich zwischenzeitlich sehr oft dabei, wie ich wirklich nicht stottere oder besser gesagt stotterte, weil sobald ich daran denke, dass ich eben nicht stotterte, bin ich erstens eher wieder im getarnten internen Stottermodus und werde zweitens auch tatsächlich recht schnell wieder irgendwo hängen bleiben. Das muss für meinen Gesprächspartner nicht unbedingt hörbar sein. Wenn ich aber daran denke, wie ich selbst mal versehentlich den Anrufbeantworter mit meiner eigenen Nachricht drauf abgehört habe, dann tendiere ich dazu, dass es mein Gesprächspartner sehr wohl merkt. Wenn sich jemand überhaupt Gedanken darüber macht, wie gut doch der letzte Satz rauskam, und stolz darauf ist, zwei Minuten lang nicht gestottert zu haben, dann ist er mit hundertprozentiger Sicherheit ein Stotterer, ganz egal was die anderen sagen. Vor kurzem habe ich mich mit meiner Mutter am Telefon über dieses Buch unterhalten, und da sagt sie: „Aber Jochen, schau mal, Du hast doch jetzt seit 5 Minuten nicht gestottert". So kann man sich täuschen.

Überhaupt gehörten meine Eltern und mein Bruder schon immer zu den Bagatellisierern, die es aber natürlich nicht böse meinen. Bei meinen Eltern spielte da vermutlich lange Zeit auch eine gewisse Verdrängung eine Rolle, um sich nicht mit der Frage auseinandersetzen zu müssen, was man in Kindheitstagen hätte alles tun können oder müssen. Ich habe ja keine Gewissheit, ob mein Stottern weg wäre, wenn man mehr getan hätte, daher mache ich auch niemandem Vorwürfe diesbezüglich. Die Reaktion meiner Mutter, als ich ihr sagte, dass ich ein Buch übers Stottern schreiben will, war bezeichnenderweise

„Wirklich? Ja aber belastet Dich das bisschen Stottern denn so sehr?". Diese Reaktion machte mir zwei Dinge deutlich: erstens bin ich wohl sehr lange nicht offen genug mit meinem Leiden umgegangen, gerade gegenüber meiner Familie, und zweitens war es höchste Zeit, dieses Buch zu schreiben. Wenn ich nur ein einziges Mal meiner Familie offen und ehrlich gesagt hätte, wie sehr das Stottern mich belastet und wie sehr es lange Zeit mein Leben kontrolliert hat, dann hätte sich auch die Bagatellisierung erledigt gehabt. Statt es offen zu thematisieren habe ich fälschlicherweise angenommen, dass es doch jeder genauso wie ich merken muss, wie sich das anfühlt. Aber um zu erkennen, wie wichtig dieser offene Umgang ist, musste ich erst 35 Jahre alt werden.

Diese Art der Ignoranz stellt sich eher im engeren Umfeld ein, denn um auf diese Art zu bagatellisieren, muss man das Thema ja zuallererst überhaupt mal thematisieren. Und genau das fällt den meisten Menschen schwer, genauso wie es mir selbst jahrzehntelang schwer fiel. Auch wenn das Stottern also so gut wie nie offen thematisiert wurde, wurde ich auch nie offen für mein Stottern benachteiligt. Es ist nicht auszuschließen, dass ich nach einem Vorstellungsgespräch mal wegen des Stotterns eine Absage bekommen habe, aber man kann nie genau sagen, ob es wirklich wegen des Stotterns war oder aus anderen Gründen. Wenn ich aber meine Berufslaufbahn ansehe, muss ich feststellen, dass ich nie wegen meines Stotterns benachteiligt wurde oder eine Stelle oder Beförderung nicht bekommen habe, weil ich stottere. Das kann ich natürlich nicht mit hundertprozentiger Sicherheit sagen, aber zumindest habe ich die Stellen, die ich unbedingt wollte, immer bekommen, und das reicht mir. Ich habe auch nie eine Stelle nicht für mich in Erwägung gezogen, weil ich stottere. Gezweifelt habe ich jedes Mal, ganz klar, aber letztlich hat mich die vorübergehende Naivität und Verdrängung immer gerettet. Man kann also sagen, dass die Menschen in meinem beruflichen Umfeld mein Stottern nicht nur tolerieren, sondern akzeptieren, nämlich als selbstverständlichen Bestandteil von mir, mich gibt es einfach nicht ohne. Ich habe den Eindruck, dass ich ernst genommen werde trotz meines Stotterns, und genau das half mir immens bei der Entwicklung eines positiven Lebensgefühls. Mein Stottern stellt sich dadurch nicht ab, es wird immer da sein, mal stärker und mal weniger stark, aber je öfters ich sah, dass ich gewisse Dinge trotz Stotterns schaffen kann, desto selbstsicherer wurde ich. Einige Dinge habe ich nicht trotz des Stotterns, sondern wegen des Stotterns geschafft, da bin ich sicher, nachdem ich mich lange und intensiv mit der positiven Seite meines Stotterns auseinandergesetzt habe. Ich kann den vielen Menschen in meinem beruflichen Umfeld – Kollegen, Mitarbeitern und Vorgesetzten – für diese Akzeptanz, diese souveräne Art des Umgangs, nicht genug danken. Das gilt im gleichen Maße für mein privates Umfeld, für meine Freunde und Bekannten. Hier kann man die Erfolge nicht so einfach an Beförderungen, Gehaltserhöhungen und hierarchischen Titeln festmachen, aber ich fühle mich inklusive Stottern akzeptiert. Anders ausgedrückt: den Menschen in meinem Umfeld scheint mein Stottern im positiven Sinne egal zu sein. Besser geht's kaum. Da kann man sich dann aber schon tatsächlich nochmal fragen, vor was ich denn dann mein ganzes Leben solche Angst hatte und vor wem ich mich so schämte. Das ist eine bittere Erkenntnis.

Offenheit, Interesse und Anerkennung

Früher wollte ich auf keinen Fall über mein Stottern reden, nicht mal mit meinen Eltern. Wenn ich nicht darüber reden muss, dann existiert auch das Problem nicht. Ich war ja auch der fatalen Überzeugung, dass ich das Stottern verbergen könnte. Wenn also alle Welt so tat als ob das Stottern nicht existierte, war alles gut, dachte ich. Das funktionierte natürlich nicht, denn gestottert habe ich immer noch und gemerkt hat es auch jeder.

Heutzutage thematisiere ich mein Stottern gerne offen und ausgiebig, dem ein oder anderen geht es vielleicht schon auf die Nerven. Sorry, da müsst Ihr durch, so wie ich jahrelang selbst genervt war von meinem Stottern und meiner Hilflosigkeit demgegenüber. Es ist nicht so, dass sich mein ganzes Leben ausschließlich ums Stottern dreht, nein, da gibt es die Familie, Freunde, Musik, das Gitarre spielen, und die Arbeit, aber das Stottern ist dennoch allgegenwärtig und muss daher auch ab und zu thematisiert werden. In den meisten Fällen wird das Stottern dann auch von mir selbst thematisiert, was dann zur Lockerung der Atmosphäre führt oder auch in interessante Gespräche über das Stottern mündet.

Die Anzahl der Fälle, in denen ich außerhalb der unmittelbaren Familie aktiv und in positiver Weise auf das Stottern angesprochen wurde, kann ich sozusagen an einer Hand abzählen. Von meinem ersten Chef nach dem Studium hatte ich bereits erzählt, und seine offene Art, damit umzugehen, war sehr hilfreich, auch weil sie für mich damals neu war. Wir haben relativ oft über die letzten Jahre hinweg, auch als er schon lange die Firma verlassen hatte, immer wieder über mein Stottern diskutiert. Wie bereits angedeutet tendierte er in letzter Zeit zur Meinung, ich hätte ja gut meinen Weg gemacht, aber sei nun an einer natürlichen Grenze für einen Stotterer angelangt. Positionen, die vornehmlich mit Repräsentieren in der Öffentlichkeit einhergingen, seien eher ungeeignet, während ich einer anderen Person in einer solchen Position jedoch perfekt zuarbeiten könnte. Ich verstehe das Konzept der Kernkompetenzen hinter diesem Gedanken, und kann mir sogar vorstellen, dass ich eines Tages ein solches Modell aus freien Stücken wählen würde. Dann aber nicht, weil ich mich selbst für ungeeignet halten würde, sondern weil ich jemanden gefunden habe, der besser reden kann, der aber wiederum jemanden braucht, der besser analysieren und im Hintergrund die Fäden ziehen kann. Ich hoffe, der Unterschied in der Betrachtungsweise wird deutlich. Manche Menschen würden ja wahrscheinlich denken, ob denn jetzt ausgerechnet der Stotterer da vorne stehen und reden muss, und ob denn niemand auffindbar war, der das besser kann. Da will ich auf den Sonntagabend verweisen. In jedem zweiten Tatort spielt mindestens ein grottenschlechter Schauspieler mit. Und wenn man sich die Koch-Coaching-Shows so ansieht werden gefühlt 90 Prozent der Restaurants von ungelernten Dilettanten geführt. Da nehme ich mir auch das Recht raus, vorne zu stehen und Reden zu halten. Ob ich nun ausgerechnet Tagesschausprecher werden will sei dahingestellt, aber wenn ein Stotterer das wirklich will, warum eigentlich nicht? Es gibt bei RTL eine lispelnde Nachrichtensprecherin, die sich ihr Lispeln meiner Auffassung nach zum Markenzeichen, zum Alleinstellungsmerkmal gemacht hat.

Ich kann die Dame hierzu nur beglückwünschen, wenn sie dadurch ihren Traumberuf verwirklicht hat.

Ein anderer Chef von mir hatte mir mal gesagt, er bewundere meinen Umgang mit dem Stottern und wie ich mich immer wieder den Risikosituationen wie Vorträgen und großen Besprechungen stelle. Und ein geschätzter Kollege erzählte mir abends im Biergarten einmal, sein Vater habe auch gestottert, und dass er deswegen gut nachvollziehen kann, wie ich mich fühle und dass er es gut findet, wie ich damit umgehe. Beides sind seltene Beispiele, wie jemand aktiv von sich aus und unabhängig von einer konkreten Stottersituation einfach auf mich zugeht und mit mir über das Stottern redet. Dass beide Urteile so positiv ausgefallen sind, ist natürlich schön und ermutigend, aber nicht unbedingt notwendig. Auch die eher kontroverse Diskussion mit meinem ehemaligen Chef über die Karrierechancen eines Stotterers war wohltuend. Erst kürzlich hatte ich einem relativ neu hinzugewonnenen Freund von diesem Buch erzählt, und dann haben wir uns über mein Stottern unterhalten. Er meinte dann, natürlich habe er das vom ersten Augenblick an gemerkt, dass ich stottere, aber er fand das „gleich irgendwie charmant"! Das hat mir sehr gut gefallen, und da kann ich mich nur ehrlich für diese erfrischend neue Perspektive bedanken. Unnötig zu erwähnen, dass insbesondere meine Frau genau die richtige Dosis an Verständnis und Anerkennung zeigt, was sehr hilfreich ist und es insbesondere war, als ich selbst noch wesentlich stottergesteuerter war als ich es heute bin.

Ich hatte vor vielen Jahren auch mal ein Gespräch mit einem Personalvermittler, wir haben uns in der Lobby eines Luxushotels getroffen, wie im schlechten Film. Das waren schon mal keine guten Voraussetzungen, also die ohnehin angespannte Situation eines Vorstellungsgesprächs zusätzlich in einen öffentlichen Raum mit entsprechendem Lärmpegel verlegt. Angriff ist die beste Verteidigung, also habe ich gleich mal auf die typische Personalerfrage, auf was ich in meinem Berufsleben besonders stolz bin, sinngemäß gesagt, ich wäre besonders stolz darauf, dort angekommen zu sein wo ich heute bin, obwohl ich stottere. Das fand der Personalvermittler super, er habe auch einen Stotterer im Familienumfeld, wirklich ganz toll, wie offen ich damit umginge, er sieht solche Eigenschaften als viel wichtiger an als konkrete fachliche Kenntnis, da täten sich auf jeden Fall interessante Zukunftsperspektiven für mich auf. Gesagt und nie mehr gemeldet, außer der obligatorischen alljährlichen Weihnachtskarte für den Kaminsims. Die andere typische Personalerfrage, welches Tier ich denn gerne wäre, blieb mir dieses Mal dankenswerterweise erspart. Normalerweise wähle ich dann den Gepard, weil der am schnellsten vor schwachsinnigen Fragen davonrennen kann.

Ich will jeden Nichtbetroffenen zu mehr Offenheit diesbezüglich ermutigen, die Betroffenen selbst sowieso. Totschweigen ist der Nährboden für die Scham, denn wenn keiner darüber reden will, dann ist es wohl etwas komisches, für das man sich schämen sollte. Ein gewisses Feingefühl ist aber nach wie vor unerlässlich. Nur weil mir selbst heutzutage dieser offene Umgang gut tut, heißt das nicht, dass jeder Stotterer mit jedem offen darüber reden will, genauso wenig wie notwendigerweise jeder Betroffene auf eine Lippen-Kiefer-Gaumenspalte oder die Brandnarbe im Gesicht angesprochen werden will.

Humor und politische Korrektheit

Keine Angst, ich erzähle jetzt keine Stottererwitze. Das mit dem Stottererhumor, überhaupt mit dem Humor in Bezug auf jede Art von Behinderungen, ist nämlich eine sehr schwierige Sache und wieder mal ein sehr, sehr schmaler Grat. Der moralische Wächter in uns signalisiert pauschal, dass so was grundsätzlich gar nicht geht, es ist völlig inakzeptabel, sich über behinderte Menschen und ihre Probleme lustig zu machen. Da würden Sie übereinstimmen, richtig? Gut so. Nun beziehen aber gefühlte 90 Prozent aller Witze ihre Pointe daraus, sich über die vermeintliche Eigenart irgendeiner Personengruppe lustig zu machen. Schon mal über einen Ostfriesenwitz oder einen Blondinenwitz gelacht? Ein Chinese, ein Russe und ein Deutscher machen dies und das … und so weiter und sofort. Man kann natürlich anführen, dass Ostfriesen und Blondinen nicht wirklich so blöd sind, wie es ihnen zugunsten der Pointe unterstellt wird, während der Stotterer halt wirklich stottert, aber vielleicht finden die Ostfriesen und Blondinen die Witze trotzdem nicht lustig. Der springende Punkt ist meines Erachtens, dass es intelligenten und schlichtweg dummen Humor gibt. Ich selbst kenne jedenfalls (kaum) eher gute und (viele) eher schlechte Witze über Stotterer, genauso wie ich gute und schlechte Witze über allerlei andere Menschen und deren Probleme kenne. Ein grundsätzliches Problem ist schon mal, dass im Laufe des Stottererwitzes es sich der Nichtstotterer meist nicht nehmen lässt, ein wie auch immer geartetes Stotterleiden nachzuahmen. Das klingt dann meist so authentisch wie ein gebürtiger Flensburger, der lederbehost auf dem Oktoberfest auf bayerisch mit der Bedienung schäkert. Den tendenziell guten Stottererwitz erkennt man daran, dass er mit dem Stottern eher kokettiert als sich über den Stotterer und sein Leiden lustig zu machen. In anderen Worten: der Witz darf halt nicht daraus hinauslaufen, dass der Stotterer der Depp ist. Also, dass ein Stotterer zufällig auch ein Depp ist, das ist nicht auszuschließen, aber er darf halt nicht automatisch der Depp sein, nur weil er stottert.

Der Depp stottert

Die Filmemacher dieser Welt haben das Stottern als einfaches Mittel zur Charakterzeichnung entdeckt: wenn jemand zuverlässig als Depp erkannt werden soll, dann stottert er. Das erspart allerlei komplexe Arbeit am Drehbuch, einfach dem Schauspieler sagen, er soll stottern, zack, da haben wir ihn schon, den Deppen. Je wirklichkeitsferner, desto besser, denn der normale Zuschauer wird eher erkennen, dass die Figur stottert, wenn er möglichst auffällig stottert, auch optisch auffällig. Ich bin in einer Zeit aufgewachsen, in der Bud Spencer-Filme (mit und ohne Terence Hill) zum täglich Brot gehörten. Da stotterte halt wirklich immer der Oberdepp, und außer dass er stotterte, war er nicht von den anderen Deppen zu unterscheiden. Heutzutage hat sich das schon in gewisser Weise normalisiert, wegen politischer Korrektheit und so weiter. Mir fällt aber spontan kein Kriminalhauptkommissar, Arzt oder Leichenbeschauer ein, der neben seinem normalen Beruf her einfach stottert. Wenn heute einer im Film stottert, dann ist er der Serienmörder oder der Stalker. Das Stottern ist oft nach wie vor ein Stilmittel, um ohne viel Aufwand Mitleid zu erregen, auf eine schwere Kindheit im Heim zu verweisen oder um eine gescheiterte Existenz zu stilisieren. Erschwerend kommt hinzu, dass alle Dialoge im Film dermaßen geschliffen sind, so sauber redet doch kein Mensch im normalen Alltag. Da verhaspelt sich keiner, kein „äh" und kein „ähm", sondern alles perfekt und damit ungefähr so natürlich wie Michael Jacksons Nase. Da schämt sich ja der durchschnittliche Nichtstotterer schon für sein Kauderwelsch. Ich will aber nicht ausschließen, dass ich da hypersensibilisiert bin, unter anderem durch Bud Spencer & Co. Vom normalen Umgang mit dem Stottern ist die Filmindustrie jedenfalls weit entfernt.

Ganz anders sieht es aus, wenn ein Film speziell übers Stottern gedreht wird. Ich kenne spontan allerdings nur „The King's Speech", in dem das Stotterleiden des englischen Königs George VI. thematisiert wird. Für mich persönlich ein wunderbarer Film, weil ich schmerzhaft und befreiend zugleich meine eigenen Ängste und Nöte unglaublich einfühlsam und authentisch dargestellt sehe – zumal die Schwere seines Stotterns durchaus mit meinem eigenen in manchen Phasen meines Lebens vergleichbar ist. Seine Zerrissenheit, ob er das Amt überhaupt annehmen kann, ob er sich das zutraut, kommt mir unangenehm vertraut vor. Wie er in der Anfangsszene vor dem Mikrofon steht und vor einem menschengefüllten Stadion reden soll und fast keinen Ton rausbringt – ich fühle mit ihm. Wie er am Ende seine Radioansprache hält und dies mit Hilfe von Auswendiglernen, Wippen und Singsang-Technik meistert – kenne ich vom Studium (leider bei mir nicht per Radio, sondern mit Bild). Also bitte, König von England, kann man sich eine schwierigere Berufswahl für einen Stotterer vorstellen? Da ist ja meine schnöde BWLer-Laufbahn das reinste Zuckerschlecken dagegen. Schon allein die angenehm unübertriebene Darstellung von Colin Firth, dem Hauptdarsteller, ist eine Wohltat und Meisterleistung.

Am anderen Ende des Spektrums ist für mich der Film „Tintenherz" zu nennen. Ich will vorweg sagen, dass ich die Romanvorlage von Cornelia Funke nie gelesen habe und nach dem Film auch wenig Lust dazu habe. Sehr vereinfacht dargestellt gibt es hier sogenannte Vorleser, die durch ihre besondere Begabung Figuren aus deren Büchern ins echte Leben „herauslesen" können, so dass diese Figuren dann in der realen Welt existieren. Einer der Vorleser ist Stotterer, was grundsätzlich ein interessanter Ansatz sein kann. Die Darstellung ist nun aber derart gestaltet, dass ich den Stotterer als minderwertige Kreatur, als unbrauchbaren Abschaum dargestellt empfand. Die Figuren, die der Stotterer „herausgelesen" hatte, waren unvollständig und verstümmelt, entsprechend der Art des Vorlesens halt. Der Herrscher über den stotternden Vorleser ärgert sich, wie er ausgerechnet so einen Vorleser verdient habe. Da frage ich mich schon, ob das 30 Jahre nach Bud Spencer & Co. noch sein muss, ganz abgesehen davon, ob das in der Buchvorlage überhaupt so gemeint war oder nicht.

Anderes Beispiel, etwas anders gelagert: „Das Leben des Brian" von Monty Python. Hier ist ein sehr starker Stotterer dargestellt, mit allem drum und dran. Er gestikuliert wild und haut sich auf den Kopf, damit das Wort endlich rauskommt. Sein Kollege stottert zwar nicht, aber redet vollkommen unverständliches Kauderwelsch. Die Szenen selbst sind für mich als Stotterer nicht sonderlich witzig, und für Leute, die nur unverständliches Kauderwelsch reden können höchstwahrscheinlich auch nicht. Nun stellt sich im auflösenden Gag später heraus, dass der Stotterer gar nicht stottert und der Kauderwelsch-Mensch ganz normal reden kann. Das entbehrt nicht einer gewissen Komik, aber insgesamt bleibt doch ein fahler Beigeschmack. Die beiden wollen sich doof stellen und erreichen dies unter anderem durch Stottern. Andererseits kann ich einsehen, dass ein Nichtstotterer hier unbedarft lachen kann. Und den alten Kauderwelsch-Typen mit der Waffensammlung aus dem Film „Hot Fuzz" finde ich wiederum zum Brüllen komisch. So ist das halt mit dem schmalen Grat.

Erst kürzlich habe ich den Film „Das brandneue Testament" gesehen, allein daheim, und da ist es passiert, eine echte Premiere im zarten Alter von 40 Jahren: ich habe wegen eines Filmes geheult. Der Film ist urkomisch, unendlich blasphemisch und handelt von Gott, der in Brüssel lebt, die Menschheit mit unsinnigen Geboten quält und zudem seine Familie schlecht behandelt – ein echter Tyrann. Als Gott nun ohne Ausweispapiere von der Polizei aufgegriffen wird und abgeschoben werden soll, brüllt er natürlich die Polizisten an, er sei Gott, sie sollen ihn gefälligst in Ruhe lassen. Das beeindruckt die Polizisten wenig, und während er sich mit Händen und Füßen gegen die Verhaftung wehrt, kulminiert die Hasstirade in der Drohung gegenüber einem der Polizisten „..., ich mach 'nen Stotterer aus Dir, einen mit frühzeitigem Samenerguss!". Ich musste zurückspulen, um mich zu vergewissern, ob er das wirklich gesagt hatte (wobei ich mich überwiegend am ersten Teil der Drohung stieß). Und ja, Gott hatte genau das gesagt. Wenn dem lieben Gott wirklich und absolut und überhaupt gar nichts mehr einfällt, dann packt er die härteste, fieseste Strafe aus, die er im göttlichen Werkzeuggürtel finden kann. Ja, aber warum habe ich denn geheult? Ganz am Anfang eher, weil es der flache Stottererhumor vermeintlich vom Bud Spencer-Film ins belgische Arthouse-Kino geschafft hat – ist man denn absolut nirgends mehr sicher? Dann kam tatsächlich sehr kurz der Gedanke auf: ja genau, immer nur drauf mit dem Holzhammer auf die armen Stotterer, mit denen kann man's ja machen … komisch, denn in einer solchen Opferrolle hatte ich mich vorher eigentlich noch nie gesehen. Langsam sickerte dann aber die Erleichterung durch, soeben die Antwort auf die eine große Frage „Warum ich?" serviert bekommen zu haben: einfach so, es gibt keinen Grund, es ist schlicht eine Scheißlaune der Natur. Nicht etwa als Strafe, weil ich was angestellt hätte – zum Beispiel den lieben Gott verhaftet und abgeschoben – aber eben eine Laune der Natur. Nachforschung zwecklos.

Das Stottern wird auch im musikalischen Bereich aufgegriffen. Die Verwendung stotterartiger Artikulation zur besseren Einpassung ins Versmaß kann hier außen vorbleiben, ich halte es für total übertrieben, hier eine wie auch immer geartete Assoziation zum Problem des Stotterns herzustellen.[1] In „My generation" von The Who wird das Stottern bewusst eingesetzt, was anscheinend den Slang von Drogenabhängigen nachempfinden soll. Gut, wenn das denn bei bestimmten Drogenabhängigen genau so klingt, warum nicht. Für mein Empfinden über das Ziel hinaus schießt aber das Lied „Das Ding vom Heinz" von Michael Krebs, einem Kabarettisten aus Süddeutschland. Das Lied ist herrlich ordinär und handelt gar nicht vom Stottern. Vielmehr wird von einem gewissen Heinz erzählt, der insgesamt eklig, abstoßend und unbeliebt ist. Dies wird an verschiedensten Dingen festgemacht: er ist ungepflegt, stinkt – und stottert. Eklig und abstoßend habe ich mich in der Tat nie gefühlt wegen meines Stotterns.

Jetzt muss man die Kirche aber auch mal im Dorf lassen.

---

[1] *Beispiele: „Jaded" von Aerosnmith oder „Body-Building-Braut" von Udo Lindenberg.*

Maßlose politische Korrektheit und die heute gängige Empörungshysterie sind mir ohnehin suspekt, und Kabarett lebt halt auch davon, respektlos zu sein. Lehne ich jetzt also „Das Ding vom Heinz" und Michael Krebs kategorisch ab? Nein, ganz im Gegenteil, ich finde den Künstler genial und äußerst unterhaltsam. Ich hab selten so gelacht wie kürzlich auf seinem Jubiläumskonzert, unter anderem über Grundschullehrerinnen und deren unterstellten Eigenarten. Meine Frau lachte herzhaft mit, auch wenn sie bei genau dem Lied betroffen war.

Beim Thema Stottern bin ich naturgemäß einfach sensibler, bin aber deshalb nicht gleich bei jeder künstlerischen Verarsche tödlich beleidigt sondern mehr an der Analyse interessiert, inwiefern das jetzt angebracht oder unnötig war. Klar könnte mancher Künstler da sensibler sein, aber in den meisten Fällen sind hier keine bösen Absichten anzunehmen, sondern viel mehr Unbedachtheit. Total unpassend fand ich mal den Kommentar eines Dozenten auf einem Musikworkshop der meinte, „das kann man schon so singen, aber dann klingt's halt wie vom Behindertenchor". Diese Anekdote kann hilfreich sein, falls man in die Verlegenheit kommen sollte, das Wort „Blasiertheit" spontan erläutern zu müssen.

Insgesamt bin ich kein Freund von übertriebenem Mimosentum, von immer gleich eingeschnappt und tödlich beleidigt sein. Da wird den Witzen oder den witzelnden Personen dann viel mehr Bedeutung beigemessen als sie eigentlich verdienen.

Wenn jemand meint, man müsse mir einen Stottererwitz erzählen, nur zu. Dann aber bitte nicht beleidigt sein, wenn ich mir erlaube nicht zu lachen, weil der Witz eher zu den schlechten gehörte, was erfahrungsgemäß in 99 Prozent der Versuche so sein wird und was ich dann gefragt oder ungefragt gerne nüchtern darlege.

Ich war kürzlich auf einer Geburtstagsparty eingeladen, da haben sich gleich mehrere interessante Aspekte im Zusammenhang mit Stottererhumor gezeigt. Die Gäste setzten sich zur Hälfte aus alten Freunden und mir völlig unbekannten Leuten zusammen. Gestottert habe ich auf jeden Fall ausgiebig, zumindest beim Vorstellen meiner Person bei den mir unbekannten Gästen. Das hat mir auch ein sehr guter Freund später bestätigt, dass ihm das bei der Party mal wieder aufgefallen sei, wie sehr ich damit hadere, insbesondere wenn mich jemand dann fragt „wie bitte?". Dennoch ließ es sich einer der mir unbekannten Leute nicht nehmen, einen Stottererwitz der blöden Art zu erzählen, während er neben mir auf dem Sofa saß. Zwei Möglichkeiten: entweder, er hat schlicht nicht bemerkt, dass ein Stotterer neben ihm sitzt (na ja, vielleicht möglich) oder aber es war ihm einfach total egal! Und letzteres fände ich richtig gut. Vielleicht hat er sich den ganzen Tag vorgenommen, diesen superlustigen Megawitz zu erzählen, und jetzt soll er es nicht machen, nur weil ich da bin? Das will ich nicht. Ich brauche keine Schonhaltung. Ich will nicht behandelt werden wie ein empfindliches kleines Blümchen, das bei kleinsten Unannehmlichkeiten vor Scham einzugehen droht. Falls die Sache diskriminierend und zu gehässig wird und vollkommen aus dem Ruder läuft, dann kann ich mich wehren, trotz Stotterns. Das dauert vielleicht etwas länger als erwünscht, aber ich kann mich in der Tat verbal wehren. Auch wenn der Witz selbst schlecht war, muss ich gestehen, dass ich der Situation eine gewisse Komik abgewinnen konnte, nämlich dass er ausgerechnet genau neben mir saß als er mit „Kommen drei Stotterer an den Strand …" in die Humorsackgasse abbog. Mein Freund fand das genauso lustig, den Witz selbst fand er aber gar nicht so schlecht, glaube ich.

Ein weiterer interessanter Aspekt der Party war, dass man zu vorgerückter Stunde zusammen den Film „Das Leben des Brian" angeschaut hat. Insgesamt ein sehr lustiger Film, speziell wenn man es wie ich mit der politischen Korrektheit und der Blasphemie nicht ganz so eng sieht. Bei der Stottererszene lache ich halt tendenziell nicht mit, und gut ist. Interessant ist zu beobachten, wie sich die anderen verhalten. Diejenigen, die mich heute erst kennengelernt haben, die lachen herzhaft mit - die haben in der Tat im positiven Sinne einfach vergessen, dass ein Stotterer auf der Party ist bzw. es ist ihnen egal. Diejenigen die mich kennen, lachen auch mit, aber einige davon vielleicht etwas verhaltener, weiß sie ja wissen, dass es mir durchaus unangenehm sein könnte. Auch gut so, aber die könnten von mir aus gerne auch herzhaft mitlachen. Nach dem Film hat dann ein alter Freund von mir einige Szenen des Films "nachgespielt" (es war Alkohol im Spiel), unter anderem die Stottererszene. Auf einmal fiel ihm wieder ein, dass ich ja stottere, und dann war es ihm kurzzeitig sichtbar unangenehm. Das Gute daran ist: auch ein alter Freund von mir, der mich nur stotternd kennt, vergisst einfach, dass ich stottere. Das ist etwas, was mir selbst nie dauerhaft gelingen wird. Andere Menschen sehen mich offenbar als Jochen mit all meinen Eigenheiten an. Ach ja, und stottern tut er ja auch noch. Ups, den „falschen" Gag gemacht, was soll's. Sehr schön, finde ich.

Eine ganz andere Perspektive tut sich auf, wenn der Stotterer selbst Stottererhumor an den Tag legt. Den ungeschriebenen Regeln der politischen Korrektheit nach darf der Stotterer das ja viel eher als der Nichtstotterer. Ein in gewisser Weise ironischer Umgang mit dem eigenen Leiden wirkt auf die Menschen im Umfeld meiner Erfahrung nach sogar souverän und selbstbewusst. Als Nebeneffekt ergibt sich eine für mich spürbare allgemeine Auflockerung der Atmosphäre in einer konkreten Situation, wenn ich zum Beispiel gerade einen vergleichsweise extremen Hänger hatte. Die Nichtstotterer merken, dass der Stotterer sein Problem anerkennt und damit umzugehen weiß, was sich zum Beispiel im Kollegenkreis auf die längerfristige Arbeitsatmosphäre positiv auswirken kann. Das wüssten sie natürlich genau so, wenn der Stotterer schlicht sagen würde „ich stottere", aber mehr Humor, mehr Selbstironie und weniger Verkrampfung helfen meiner Erfahrung nach in unglaublich vielen Lebenslagen weiter. Auch hier mal wieder ein schmaler Grat: souveräne Selbstironie ist gut, sich selbst wegen des Stotterns zum Pausenclown zu machen ist hingegen schlecht. Der Humor darf das Leiden nicht bagatellisieren, denn genau das will ich ja von den Nichtstotterern auch nicht. Die Dosierung und das Feingefühl machen den Unterschied.

Unerwünscht

Es gibt einige Verhaltensweisen von Nicht-Stotterern, die ich selbst als uneingeschränkt unerwünscht empfinde. Abgesehen von den eher offensichtlichen (Hänseln und sich lächerlich machen) und den bereits im Detail beleuchteten (bagatellisieren und übermäßige Schonhaltung) sei hier zuallererst das unaufgeforderte Sätze vervollständigen genannt. Manche Leute können es nicht erwarten, bis ich meinen Satz beende, und dann nehmen sie lieber selbst das Heft in die Hand und äußern ihre Vermutung, was ich wohl hätte sagen wollen, wenn ich es denn könnte. Meistens liegen sie sogar richtig, aber trotzdem ist das unangebracht. Wenn ich Hilfe beim Vervollständigen meiner Sätze brauche, dann signalisiere ich das auch. Genauso wie ein Nichtstotterer dies signalisiert, weil ihm ein Wort gerade nicht einfällt. Wenn ich also „Kurzzeit…ähm…" sage, dann darf gerne das „…wecker" ergänzt werden, bevor ich das „…dingsbums" sagen kann. Wenn ich aber „Kurzzeitwww…" sage, dann bitte nicht den „ wecker" ergänzen. Allerdings ist es auch unter Nichtstotterern ein gängiges Phänomen, den angefangenen Satz eines anderen zu Ende zu bringen, zum Beispiel mit abgeändertem Inhalt, um einen Gag zu landen. Da hätte ich jetzt bei mir auch kein Problem damit. Es ist halt wie so oft eine Frage des Feingefühls.

Das Gefühl übermäßig beobachtet zu werden empfinde ich auch als unangenehm und dann stottere ich extrem stärker. Dabei ist es eher unerheblich, ob ich mich von fremden oder von mir nahestehenden Menschen beobachtet fühle. Beispiel Taxifahrt: wie gesagt ist die Situation, wenn ich dem Fahrer die

Zieladresse sagen muss, ohnehin sehr unangenehm für mich. Wenn nun aber noch Arbeitskollegen oder Freunde dabei sind, ist es mir nochmals um einiges unangenehmer. Da schaue ich immer, dass ich möglichst hinten sitze, weil immer angenommen wird, dass der vorne sitzende die Kommunikation mit dem Fahrer übernimmt, und warte ab, dass hoffentlich ein anderer sagt, wo es hingehen soll.

Eine gewisse Divenhaftigkeit meinerseits ist bei der Beobachtungsproblematik nicht von der Hand zu weisen, denn andererseits will ich ja auch nicht, dass alle betreten zu Boden schauen, wenn ich stottere. Aber falls ich nun tatsächlich doch mal im Wartezimmer vorlesen sollte, dann hilft es nicht, wenn alles erstarrt und mir zuhört und mich am besten auch noch anstarrt. Wenn ich mit einem meiner Kinder wegen anderweitiger logopädischer Probleme beim Logopäden bin, fühle ich mich vom Logopäden beobachtet und warte eigentlich jeden Augenblick darauf, dass ich auf mein Stottern angesprochen werde. Da packt mich dann in der Tat manchmal der falsche Ehrgeiz, ich könne doch mal versuchen, ob es funktioniert, mein Stottern vor einem wirklichen Fachmann zu verbergen. Es funktioniert übrigens nie.

Mein gesunder Menschenverstand sagt mir eigentlich, dass die mir nahestehenden Menschen sowieso wissen, dass ich stottere und dass mir die Meinung der anderen Menschen bezüglich meines Stotterns eigentlich egal sein kann, zudem ja alle diesen Menschen, nah und fremd, in der Tat auch andere Hobbys und Sorgen haben werden, als die ganze Zeit mein Stottern zu beobachten. Klingt nachvollziehbar für mich, aber was soll ich sagen, ich fühle mich trotzdem oft beobachtet. Da wird ersichtlich, wie stark mein Stottern mein Unterbewusstsein geprägt hat, es hat tief in mir drin diese egozentrischen Züge angelegt, obwohl ich ansonsten eher ungern im Mittelpunkt stehe – sagte er und schrieb ein Buch über sich und seine Probleme. Am Vorträge halten reizt mich in der Tat sehr viel mehr die Vermittlung von Inhalten als das vorne stehen, im Mittelpunkt stehen. Mir ist sogar schon unangenehm, der Jubilar an meinem eigenen Geburtstag zu sein, wenn sich dann im Büro eine Traube von Kollegen um einen bildet und alle erwarten, dass man eloquent eben schnell ein paar salbungsvolle Dankesworte für Karte und Geschenk raushaut. Ich habe allerdings auch schon gehört, dass auch Nichtstotterer das nicht mögen, aber bei mir ist es halt nur wegen des Stotterns.

Genauso schwierig ist es mit dem Mitleid, das ich nun wirklich nicht brauche, gerne aber Verständnis für mein Problem und die Anerkennung, dass es ein Problem für mich ist. Aber wo hört das Verständnis auf und wo fängt das Mitleid an? Pauschale Urteile wie „Stotterer sind arme Schweine" würde ich eher der Kategorie unerwünschtes Mitleid zurechnen. Da muss ich irgendwie an das Lied „Dicke" von Marius Müller-Westernhagen denken. Das Lied an sich ist als Rocksong so genial wie der Text saublöd ist. Der Urheber sagte wohl mal sinngemäß, das Lied sei als Verunglimpfung dicker Leuten missverstanden worden, er habe lediglich auf das Schicksal der Dicken und die Vorurteile ihnen gegenüber aufmerksam machen wollen. Puh, ich weiß nicht so recht – ich bin jedenfalls dankbar, dass er sich damals nicht die Ehrenrettung der Stotterer auf die Fahnen geschrieben hat. Die berühmte letzte Textzeile, die er ins Gitarrensolo reinjault, wäre dann wohl „na, Du blöder Sto-to-tottererdepp" gewesen.

Ich hasse es auch, mich wiederholen zu müssen, weil jemand nicht aufmerksam war. Wenn das in einer rein privaten und freundschaftlichen Unterhaltung passiert, ist das weniger schlimm, da kann ich den Inhalt dann ja notfalls irgendwie anders formulieren. Ich beziehe mich hier mehr auf den typischen Bestellvorgang, sei es im Restaurant oder an jeder Art von Bedientheke.

Was darf's denn sein, bitte?

Die ganze Bestellerei ist immer schwierig. Wir hatten das ja schon in der Bäckerei und mit den Zahlen und Mengen, und genau so läuft das auch an der Käsetheke, beim Metzger und am Marktstand. Die Situation ist schwierig genug, aber wenn ich dann nochmal alles wiederholen soll, ärgert es mich. Nun gut, falls hier jemand meine Bestellung nicht verstanden haben sollte, weil ich gestottert habe, dann kann ich das ja noch einsehen, da zeigt sich dann im Zweifel, wie ausgeprägt die Auffassungsgabe des Personals ist. Wenn ich aber objektiv gesehen verständlich und recht flüssig bestellt habe und dann ein „Sorry, war gerade abgelenkt" höre oder ständige Nachfragen kriege, weil sich das Personal keine drei einfachen Dinge hintereinander merken kann, dann nervt mich das unendlich. Ich weiß, dass ist alles menschlich, dass man mal versehentlich nicht zuhört und dass sich manche Menschen einfach nicht drei Dinge auf einmal merken können, aber meine Anspannung, wenn ich was eben schon gesagtes genau so wiederholen muss, ist eben auch menschlich. Dann ertappe ich mich sogar beim Gedanken, dass die Person dann wohl schlicht den falschen Job hat, wenn sie sich keine drei einfachen Dinge merken kann. Das ist ein interessanter Gedanke, wenn man bedenkt, dass ich mir selbst nicht anhören will, ich selbst hätte den falschen Job, weil ich keine drei Sätze flüssig sagen kann.

Oft vorgekommen ist es in der Tat nicht, aber ich muss eingestehen, dass ich über die Jahre hinweg manchmal nicht den Zwiebelrostbraten bestellt habe, weil ich ihn nicht aussprechen wollte – gleich 3 Stolperfallen drin, eine besonders mies mit dem „ie" nach dem „w". Das spart zwar Geld, ärgert mich aber im Nachhinein dann trotzdem. Bei den Getränken begegnet mir das heiß geliebte „W" mit darauffolgendem Vokal dann im Wasser und im Weizenbier, und die Alternative „Helles Hefe" wurde auch nicht gerade auf Aussprechbarkeit hin optimiert. In Bayern scheint es auch eine Art „Eisbier" zu geben, jedenfalls fragen immer alle Bedienungen sicherheitshalber nochmal nach, was ich wohl haben will, wenn ich ein „(W)…eißbier" bestelle. Das Drama geht beim Trinkgeld weiter, meistens kostet es dann natürlich 10,80 Euro, so dass man ausgerechnet auf „zwölf" Euro aufrundet. Wie soll es anders sein: „Wieviel, bitte?" – „Passend" kann ich übrigens gefährlich gut sagen, liebe Bedienungen.

Kürzlich habe ich eine Fastfood-Kette mit Herz für Stotterer und Gehörlose entdeckt. Da kann man jetzt in der Filiale alternativ zur normalen Bestellung beim Personal an einem Selbstbedienungsterminal mit Touchscreen bestellen, direkt mit Karte bezahlen und dann seine Bestellung an einer reinen Ausgabetheke abholen, und zwar anhand einer vom Terminal vergebenen Abholnummer, die ausgedruckt wird. Ein total stummer Bestellvorgang, klingt paradiesisch, und ich frage mich, warum sie diese Terminals nicht an den Drive-in-Schalter stellen, wo sie wirklich sinnvoll wären. Allerdings habe selbst ich als Betroffener da eher ein Herz für Arbeitsplätze. In fünf Jahren kommt dann wahrscheinlich der Burger direkt unten aus dem Terminal raus, so wie bei den Tiefkühlpizza-Backautomaten, die seit neuestem an den Bahnhöfen rumstehen. Stotterer oder nicht, wer um alles in der Welt benutzt die denn?

Die Kürze der Liste der unerwünschten Verhaltensweisen zeigt, dass man im Umgang mit Stotterern oder zumindest mit mir persönlich gar nicht so wahnsinnig viel falsch machen kann. Andersherum formuliert: man soll mit dem Stotterer halt einfach normal umgehen. Apropos normal, nicht nur was den Umgang mit Stotterern angeht: etwas weniger Empörung über alles und jeden hilft. Ich hatte vor kurzem mal in die Runde gefragt, ob noch jemand eine Semmel will und musste mich dann belehren lassen, „also ich bitt' Dich, des hoißt bei uns fei immer no' Weckle". Ja schon, aber Weckle ist halt schwieriger zu sagen als Semmel. Was soll man da entgegnen? Vielleicht „tausche bereitwillig mein Stottern gegen diffuse Sorge, der oberschwäbische Dialekt könnte verwässert werden".

KAPITEL 5

EIN NEUES LEBENSGEFÜHL

Ich stottere. Das war Jahrzehnte lang der Gedanke, mit dem ich aufwachte. Das erste was mir direkt nach dem Aufwachen morgens in den Kopf schoss. Als hätte ich tagtäglich dafür sorgen müssen, dass ich diese Tatsache ja nicht vergesse. Heute habe ich diese Tatsache sicher nicht vergessen. Ich denke morgens aber fast nie mehr als allererstes ans Stottern, sondern ans Gitarrespielen, an die Familie, was heute allgemein ansteht, was ich als erstes gleich nach dem Aufstehen tun sollte, an ganz normales Zeug also. Mein Gehirn verlässt sich jetzt darauf, dass ich das Stottern nicht vergessen werde, auch ohne die tagtägliche Erinnerung gleich als erstes am Morgen. Ich stottere nach wie vor in für mich selbst deutlich merkbarer Form, mal mehr und mal weniger für andere Menschen wahrnehmbar. Meinen Namen sage ich noch immer ungern. Ich verstehe auch nach wie vor nicht, dass ich vollkommen unvermittelt nach einem gefühlten halben Tag ohne markantes Stottererlebnis auf einmal nicht „Uhr" sagen kann, mitten im flüssigen Satzlauf und ohne jede Vorwarnung. Das regt mich auch manchmal noch auf, weil es einfach so schwachsinnig und unnötig erscheint. Das grundlegende Problem hat sich nicht in Luft aufgelöst, und der Moment des Stotterns ist natürlich immer noch unangenehm. Alles andere wäre ja absurd. Warum geht es mir dann so viel besser heute, verglichen mit früher, so grob bis zu meinem 35. Lebensjahr? Zuallererst verspüre ich diesen alles beherrschenden Druck nicht mehr, das Stottern verbergen zu müssen, weil ich eingesehen habe, dass absolut jeder, mit dem ich spreche, es bemerken wird. Ehrlich gesagt versuche ich es natürlich immer noch zu verbergen, in dem ich bestimmte Techniken reinschmuggle und Tricks anwende, insbesondere bei den schon erwähnten Sekundenbekanntschaften. Der feine Unterschied für mich ist aber, dass ich das bewusst und absichtlich mache, weil ich diese und jene Situation gerade für mich entschärfen will, und nicht weil ich unbedingt verbergen will, dass ich stottere. Mir ist vollkommen klar, dass trotz aller Tricks jeder merken wird, dass ich stottere oder vielleicht auch zufällig und wirklich dieses eine Mal nicht. Na und? Was bringt mir das denn, ob es jemand bemerkt hat oder nicht? Genau, und deshalb wird es mir auch immer egaler.

Ich ertappe mich immer öfter dabei, dass ich gar nicht stottere und dass ich die letzten Minuten auch gar nicht daran gedacht habe. In dem Moment wird es mir natürlich wieder bewusst, aber immerhin. Und anstatt mich über meine Schummeleien zu ärgern, freue und wundere ich mich manchmal über meine Kreativität diesbezüglich. Und seit einigen Jahren lerne ich gerne neue Leute kennen, gehe auf Partys, wo ich außer dem Gastgeber niemanden kenne. Das habe ich früher nur gemacht, wenn es absolut nicht zu vermeiden war, und meine Frau zum Beispiel macht das immer noch nicht gerne, ganz ohne Stottern. Die Vorstellsituation ist dann jedes Mal wieder gelinde gesagt katastrophal für mich, aber ich will da durch, weil ich in den letzten Jahren dadurch so viele interessante Leute kennengelernt und auch echte Freunde hinzugewonnen habe, die ich nicht missen will. Eine ungemeine Horizonterweiterung, wenn man das mal überwonnen hat. In letzter Zeit habe ich viel mit meiner Frau, meiner Mutter und meinem Bruder über dieses Buch geredet, und da kam auch die Frage auf, ob man da auch mal eine öffentliche Lesung oder einen Vortrag dazu machen könnte, wenn es denn jemanden interessiert. Ich meinte dann, da müsse ich aber schauen, dass ich auch genug stottere an dem Tag, sonst glaubt ja keiner, was in dem Buch steht. Angst davor, dass ich nicht genügend stottere – vollkommen absurd.

Dies ist nun mal ein Buch übers Stottern, aber ganz anders als es beim Lesen erscheinen mag besteht mein Leben ganz und gar nicht (mehr) nur aus Stottern, meiner Beschäftigung damit und wie ich das Stottern überstehe, ich beziehe auch nicht mehr alles was mir widerfährt aufs Stottern. In der Tat beschäftige ich mich heute auch mit vielen anderen Dingen, bei denen nicht das Stottern in welcher Art auch immer im Vordergrund steht, bloß stehen diese Dinge halt nicht im Buch. In viele Lebensbereiche spielt das Stottern rein, ganz klar schon mal bei allem, was vornehmlich mit Reden verbunden ist, wie Berufsleben, Einkaufen und Essen gehen. Sogar die wohltuende Musik hat indirekt mit dem Stottern zu tun, weil ich ja weiß, wie gut sie mir auch im Hinblick auf das Stottern tut. Insgesamt ist die ganze Thematik aber stark in den Hintergrund gerückt und ist mehr Grundrauschen als Hauptthema.

Zudem scheint sich dankenswerterweise im Alter und mit wachsender Erfahrung eine gewisse Gelassenheit einzustellen, die ich im Nachhinein betrachtet 20 Jahre früher schon gut hätte gebrauchen können. Es ist halt doch was am überstrapazierten Sprichwort, dass der Schwabe mit 40 „g'scheit" wird. Man muss niemandem mehr irgendwas beweisen, Familie, Haus, Job, alles in Ordnung. Wer mich jetzt noch rein über mein Stottern definiert, der ist noch dümmer, als wenn er das vor 20 Jahren schon getan hätte. Interessanterweise habe aber vor allem ich mich selbst sehr lange rein über das Stottern definiert. Heute verstehe ich es eher als ein Persönlichkeitsmerkmal unter vielen anderen. Genau betrachtet sogar ein Alleinstellungsmerkmal, denn ich kenne in der Tat keinen anderen Menschen in meinem engeren Umfeld, der stottert. Bevor es jetzt endgültig lächerlich zurechtgelogen und idealisiert wird: würde ich gerne auf dieses Alleinstellungsmerkmal verzichten? Ein ganz klares JA. Aber heute ahne ich, dass ich ohne mein Stottern vermutlich irgendein anderes Problem hätte, das mich in gewissem Umfang beschäftigen oder beherrschen würde. Und ob ich mit diesem Problem heute so gut leben könnte, wie ich es jetzt mit meinem Stottern kann, weiß ich nicht. So, und jetzt gehe ich in die Stadt und bestelle mir einen Cappuccino.

INHALT

Kapitel 1: Ein Lebensgefühl 1

Kapitel 2: Die lebensbegleitende Konstante 7

   Kindergarten- und Grundschulzeit 7

   Unter- und Mittelstufe 12

   Vermeidungstaktiken und ihre Grenzen 13

   Oberstufe und Landsknechte 20

   Der fatale Druck, das Stottern zu verbergen 20

   Abiturprüfungen 24

   Ablenkungstechniken 25

   Die unterschwellige Angst vor dem Stottersupergau ... 29

   Zivildienst 30

Berufsausbildung **32**

Das Telefon, Dein ärgster Feind **33**

Studium **40**

Das Stottern offen thematisieren **44**

Lebensbereiche **48**

Berufliche Laufbahn **52**

Sprachkenntnisse: Deutsch und Englisch,
beides nicht wirklich fließend **52**

Gute und schlechte Phasen **57**

Erweckungserlebnis beim Logopäden **60**

Kapitel 3: Die Bewältigungsstrategie **75**

Ich stottere - und jeder merkt es **76**

Neue Perspektiven **79**

Selbstvertrauen und Selbstsicherheit **86**

Die Stuntman-Methode **87**

Eine neue Definition von Erfolg **90**

Der Kampf um Gehirnareale **91**

Offen mit dem Stottern umgehen **96**

Die Gefahr richtig einschätzen **97**

Schummeln erlaubt – Akute Situation meistern **99**

Vorträge halten **101**

Vorlesen **104**

Telefonieren **106**

Sich vorstellen **108**

Kapitel 4: Vom Umgang mit Stotterern **111**

Akzeptanz, Toleranz und Ignoranz **111**

Stottern als Behinderung **112**

Offenheit, Interesse und Anerkennung **119**

Humor und politische Korrektheit **123**

Der Depp stottert **124**

Unerwünscht **134**

Was darf's denn sein, bitte? **137**

Kapitel 5: Ein neues Lebensgefühl **141**

Schaut auch mal auf meine Internetseite:
www.ich-stottere.de